Professor Dr. Heinz Bach (Hrsg.)

Früherziehungsprogramme

für geistigbehinderte und
entwicklungsverzögerte
Säuglinge und Kleinkinder

Beiträge von Heinz Bach, Barbara Franke,
Hannelore Sachers und Brigitte Schoppmann

5. Auflage

EDITION MARHOLD
IM WISSENSCHAFTSVERLAG VOLKER SPIESS

Druck: WB-Druck, Rieden
ISBN 3-89166-112-6

Vorwort zur 4., durchgesehenen Auflage

Nachdem seit geraumer Zeit allerwärts die Notwendigkeit der Früherziehung beschworen wird, soll durch diese praktische Handreichung ihre Verwirklichung in großer Breite ermöglicht werden.

Es steht zu erwarten, daß sich durch die Früherziehung entscheidende Veränderungen für das Erscheinungsbild der geistigen Behinderung ergeben werden, die denen keineswegs nachstehen, die sich durch die Errichtung von Sonderschulen für Geistigbehinderte im vergangenen Jahrzehnt ergeben haben.

Die hier vorgelegten Programme sollen allen dienen, die mit der Säuglingserziehung Geistigbehinderter oder Entwicklungsverzögerter befaßt sind, also in erster Linie den Eltern sowie ihren Helfern und Beratern, d. h. insbesondere Sonderpädagogen, Sondererziehern, Behindertenpsychologen, Kinderärzten, Kinderpsychiatern.

Neben ihrer Funktion für die Frühförderung hat sich inzwischen gezeigt, daß die vorliegenden Programme zugleich für die Erziehung schwerst geistigbehinderter älterer Personen vielfältige Anregungen zu bieten vermögen.

Diese Schrift ist vor dem Hintergrund jahrelanger Elternberatung im Rahmen von Seminaren für Geistigbehindertenpädagogik im Hochschulbereich entstanden – unter Mitwirkung von Eltern und Erziehern geistigbehinderter Kinder.

Der Plan der Arbeit wurde in gemeinsamen Überlegungen entwickelt und die Ausführung in vielfältigen Gesprächen koordiniert, ohne daß durch die gegebenen Grundlinien und Anregungen die Eigenständigkeit und Verantwortlichkeit der einzelnen Beiträge aufgehoben wurde.

Mainz 1981 Prof. Dr. *Heinz Bach*

Inhalt

1. Hauptprobleme der Früherziehung Geistigbehinderter

Heinz Bach

1. Das Problem der Frühmaßnahmen

Die eindringlichen Forderungen der letzten Jahre nach frühzeitigen Maßnahmen zur Hilfe für behinderte Kinder betreffen höchst unterschiedliche Sachverhalte.

Zunächst bedarf der Begriff der *Frühzeitigkeit* eindeutiger Klärung. Im Bereich der Sonderpädagogik wird seit geraumer Zeit unter Früherfassung die möglichst frühzeitige Überweisung oder eine direkte Einschulung von Lernbehinderten in eine Sonderschule verstanden, um den betreffenden Kindern mehrjährige Mißerfolgserlebnisse an allgemeinen Schulen zu ersparen.

Daß es sich bei diesen verdienstvollen Bemühungen jedoch im Grunde bereits um eine Späterfassung, um eine viel zu späte Erfassung handelt, liegt auf der Hand, da bis zur Sechsjährigkeit bereits entscheidende Jahre verstrichen sind, die für eine gezielte und die Behinderung u. U. wesentlich beeinflussende Förderung hätten genützt werden können. Darum sollte in diesem Zusammenhange nicht von Früherfassung sondern von rechtzeitiger Schulerfassung behinderter Kinder gesprochen werden.

Auch die Dreijährigkeit, das beginnende Kindergartenalter, eignet sich angesichts vorliegender Behinderung keineswegs, als früher Zeitpunkt für Erfassung und Förderung gekennzeichnet zu werden, da auch hier bereits vielfältige Chancen für behinderungsspezifische Maßnahmen ungenutzt vergeben sind.

Frühzeitigkeit von Maßnahmen bei vorliegender Behinderung ist allein dann gegeben, wenn sie unmittelbar nach der Geburt bzw. nach Auftreten der Schädigung einsetzen, d. h. am ersten Lebenstage oder unverzüglich nach Eintritt von behinderungsbewirkenden Krankheiten, Unfällen oder sonstigen Einwirkungen.

Ebenso wie über den Zeitpunkt bestehen über die *Art der* genannten *Frühmaßnahmen* unterschiedliche und häufig nicht deutlich abgeklärte Vorstellungen.

Darum empfiehlt es sich, grundsätzlich zwischen folgenden Maßnahmen zu unterscheiden:

- Früherfassung
- Frühdiagnose
- Frühbehandlung
- Früherziehung.

Unter *Früherfassung* ist die erste namen- und zahlenmäßige Aufnahme von Behinderten und vermutlich Behinderten zu verstehen, die teils als statistische Grundlage für regionale und überregionale Planung von Einrichtungen, teils als Vormerkung für einzuleitende differenziertere individuelle Maßnahmen dient.

Unter *Frühdiagnostik* ist demgegenüber eine differenzierte individuelle Befund- und Ursachenerhebung zu verstehen – als Voraussetzung für gezielte und hinreichend komplexe Fördermaßnahmen. Bloße Früherfassung ohne anschließende Frühdiagnostik ist ebenso unnütz wie eine Frühdiagnose ohne anschließende Frühförderung.

Frühförderung wird nach wie vor weitgehend mit *Frühbehandlung* (= *Frühtherapie*) im körperlichen Bereich gleichgesetzt. Die Bedeutung der ärztlichen Frühtherapie kann gar nicht hoch genug veranschlagt werden. Auch zeitlich sollten die medizinischen Maßnahmen im Rahmen der Bemühungen an erster Stelle stehen, um den der Behinderung zu Grunde liegenden Schaden so weit als möglich zu beeinflussen. Insonderheit stellen sich für die ärztliche Frühtherapie angesichts vorliegender Behinderung folgende Aufgaben:

– Behandlung der behinderungsbewirkenden Schädigung im Rahmen der beeinflußbaren Gegebenheiten mit dem Ziel einer weitmöglichen Besserung oder Behebung der Schädigung
– Verbesserung des Gesamtzustandes durch Diät, Regulierung der Lebensweise, Pflegemaßnahmen, medikamentöse Basistherapie, medikamentöse Beeinflussung der psychischen Situation usw.
– Behandlung u. U. zusätzlich vorliegender Hörschäden, Sehschäden, Kieferschäden, Körperbehinderungen, Anfallsleiden, Herzfehler, Schäden der Atmungsorgane, sonstige innere Erkrankungen (Drüsen-, Verdauungsstörungen usw.).

Frühbehandlung ist jedoch nicht gleichzusetzen mit *Früherziehung,* sie ist lediglich Voraussetzung für diese. Eine Beschränkung der Förderung auf körperliche Maßnahmen ist ebenso üblich wie verhängnisvoll, da sie häufig die eigentlich entscheidenden Möglichkeiten einer wirksamen Hilfe für den Geistigbehinderten, die im erzieherischen Bereich liegen, vernachlässigt.

Die bereits von *Comenius, Pestalozzi* und *Fröbel* differenziert gesehene Früherziehung im ersten Lebensjahr gilt es also neben der ärztlichen Therapie als wesentliche Aufgabe zu profilieren und sie im Sinne einer komplexen Förderung der Lernprozesse wahrnehmungsmäßiger, motorischer, sprachlicher, emotionaler und sozialer Art zu verwirklichen.

Die traditionelle Konzentration der Pädagogik (und auch der Sonderpädagogik) auf den Erziehungsbereich der Schule und die verständliche Hoffnung von Eltern Geistigbehinderter, es werde sich noch alles entwikkeln, haben offenbar dazu beigetragen, die frühen Ansätze in den Hintergrund treten zu lassen und die außerordentlichen Möglichkeiten einer Früherziehung Geistigbehinderter nicht in hinreichender Breite nachdrücklich auszuschöpfen.

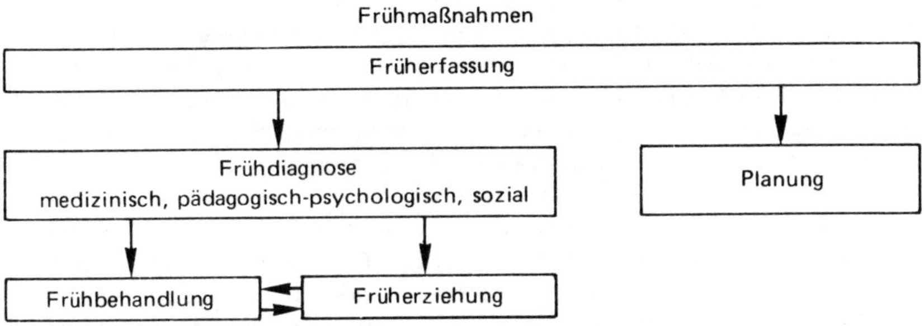

2. Das Problem der Mehrfachbeeinträchtigung

Als geistigbehindert gilt, wer infolge einer Schädigung des zentralen Nervensystems oder anderweitig bedingter Beeinträchtigungen der Intelligenzfunktionen in seinem Lernverhalten ein dauerndes Vorherrschen des anschauend-vollziehenden Aufnehmens, Verarbeitens und Speicherns zeigt und in seiner seelisch-geistigen Gesamtentwicklung trotz regulärer Erziehungsbemühungen im Verhältnis zur lebensaltersgemäßen Durchschnittserwartung wesentlich, d. h. mehr als 40 – 50%, zurückbleibt.

Nach sorgfältiger Überprüfung der vorliegenden Unterlagen kommt *Sander* (1973, S. 36 f.) zu der Feststellung, daß mit 0,6% Geistigbehinderten (bezogen auf die Geburtsjahrgänge im Schulpflichtigen Alter) zu rechnen ist. Für die Altersgruppe der ersten drei Lebensjahre sind das in der BRD etwa fünfzehntausend Kinder.

Wenn zur allgemeinen Kennzeichnung der geistigen Behinderung die durchschnittliche seelisch geistige Gesamtsituation herausgestellt und dabei unter pädagogischem Aspekt vor allem das besondere Lernverhalten genannt wurde, so darf nicht übersehen werden, daß die unterdurchschnittlichen Intelligenzfunktionen lediglich ein Leitsymptom darstellen, daß sich bei vorliegender geistiger Behinderung in jedem Falle mit anderweitigen Beeinträchtigungen zu einem Syndrom im Sinne einer Mehrfachbeeinträchtigung verbindet. Die Mehrfachbeeinträchtigungen bei vorliegender geistiger Behinderung stellen nicht den Ausnahme- sondern den Regelfall dar (*Bach* 1970b).

Entsprechend den geistigen Anteilen bei sprachlichen, sozialen, motorischen und Wahrnehmungsleistungen finden sich in diesen Bereichen bei vorliegender geistiger Behinderung notwendigerweise mehr oder minder umfängliche Beeinträchtigungen, die als Sprachentwicklungs-, Kontakt-, Koordinations-, Seh- und Hörstörungen sowie als Störungen des motorisch-taktilen Erfassens geschildert werden, auch wenn keine speziellen organischen Schäden auffällig werden. Neben dem unregelhaften Lernverhalten stellen diese Beeinträchtigungen lediglich Ausdrucksweisen der „an sich" nicht sichtbaren geistigen Behinderung dar.

Damit ist jedoch nicht gesagt, daß sich geistige Behinderung auflösen ließe in sprachliche, sensorische, motorische Einzelerscheinungen; denn trotz der Bedeutung von entsprechenden Schäden bleibt das zentrale Geschehen: die unregelhafte geistige Verarbeitung neben den Aufnahmemängeln, die ihrerseits gerade durch die Verarbeitungsunregelmäßigkeiten hervorgerufen werden.

Durch die bei vorliegender geistiger Behinderung häufig auftretende erzieherische Resignation wird ferner mitunter einem Mangel an Übung der Sprechfunktionen, des Kontaktverhaltens, der Bewegungsapparatur Vorschub geleistet, der umfängliche Ausmaße annehmen und zu fest eingeschliffenen Kümmerformen der sprachlichen Äußerung, zu Bewegungsstereotypien oder zu unartikuliertem Kontaktverhalten führen kann.

Neben derartigem Mangel an Erziehung finden sich in vergleichbarer Häufigkeit Erziehungsfehler, die zu Fehlformen und Fehlleistungen des Verhaltens bis zu ausgesprochen neurotischen Deformierungen führen können (*Bach* 1973, S. 56 ff.).

Wegen der zum Teil extrem negativen Umweltreaktionen auf den Sachverhalt der geistigen Behinderung und der dadurch mitbedingten extremen Erschwerung der Erziehungsaufgabe finden sich erziehungsbedingte zusätzliche Beeinträchtigungen bei vorliegender geistiger Behinderung mit großer Regelmäßigkeit.

3. Das Problem der Diagnostik

Es ist unstatthaft, mit dem Begriff der geistigen Behinderung Vorstellungen von statischer Festgelegtheit zu verbinden. Behinderungen sind trotz verhältnismäßiger Dauer grundsätzlich als veränderbare Gegebenheiten aufzufassen; d. h. der Begriff der Behinderung muß u. a. auch als

Kennzeichnung möglicher Veränderbarkeit dienen, um entsprechende erzieherische und medizinische Bemühungen in Gang zu setzen, regelmäßige Überprüfungen vollzogener Veränderungen nahezulegen und eine Durchlässigkeit zwischen Einrichtungen, die derartiger Entwicklung entsprechen, zu gewährleisten. Jedoch darf Mobilität nicht mit beliebiger Veränderbarkeit verwechselt werden.

Die Beurteilung der Veränderbarkeit stößt wegen der Schwierigkeit der Diagnose bei einer Behinderung, die nicht zuletzt durch Mängel diagnostisch verwertbarer Ausdruckserscheinungen charakterisiert ist, auf Grenzen, die namentlich in der frühen Kindheit zur Zurückhaltung allen Anlaß geben sollten.

Das im Augenblick beobachtbare Lernverhalten ist nicht einmal mit dem bereits vorhandenen Lernverhalten gleichzusetzen – noch gar mit den Lernmöglichkeiten, die bei intensiver Förderung zu erreichen wären.

Daher sollte – zumindest im pädagogischen Bereich –

- jede Diagnose stets nur als diagnostische Vermutung formuliert werden und ausdrücklich den Charakter der Vorläufigkeit tragen,
- eine regelmäßige Überprüfung der Diagnose nach intensiven Fördermaßnahmen vorgenommen werden und
- in keinem Falle „Bildungsunfähigkeit" oder „Erziehungsunfähigkeit" im Sinne einer unteren Grenze der Bildungsfähigkeit festgestellt werden; denn bildungsunfähig kann allenfalls derjenige sein, dem pädagogisch nichts mehr einfällt angesichts einer extrem erschwerten Erziehungsaufgabe.

Selbst wenn sich nach hundert Versuchen die erhoffte Reaktion nicht einstellt, besagt das noch nichts über die möglichen Erfolge von weiteren hundert Versuchen.

Über das Maß vorhandener Bildungsfähigkeit läßt sich überhaupt erst nach umfänglichen Erziehungsversuchen eine begründete Vermutung äußern.

Ein vorzeitiger Verzicht auf entsprechende pädagogische Bemühungen schafft häufig erst eine Behinderung in ihrem ganzen Umfang.

Ebenso wird mit um so größerem Umfang der Behinderung zu rechnen sein, je später mit der Erziehung begonnen wird. In der Gefahr des Sich-gewöhnens an das Nicht-lernen beim geistig Behinderten Säugling und Kleinkind liegt der eigentliche Impuls für eine intensive Früherziehung.

Angesichts der genannten diagnostischen Schwierigkeit ist in vielen Fällen eine sichere Zuordnung eines Zustandsbildes zum Bereiche der geistigen Behinderung nicht möglich.

Hier empfiehlt sich die vorläufige Feststellung einer Entwicklungsverzögerung, die sich später trotz intensiver Früherziehung als geistige Behinderung erweisen kann – oder aber als Lernbehinderung bzw. als zwischenzeitlich voll aufgeholte zeitweilige Rückständigkeit herausstellen wird.

Allerdings sollte der Begriff der Entwicklungsverzögerung nicht dort benutzt werden, wo er – wie bei deutlicher geistiger Behinderung oder Lernbehinderung – trügerische Hoffnung auf eine völlige Aufholbarkeit des Entwicklungsrückstandes erzeugen und vor allem eine bedenkliche Täuschung über Dauer, Art und Umfang der erforderlichen pädagogischen Maßnahmen bewirken könnte.

Trotzdem muß gesehen werden, daß der Sachverhalt der geistigen Behinderung (ebenso wie der der Lernbehinderung) nicht eine lebenslängliche Eigenschaft eines Menschen ist, sondern daß es sich um Kennzeichnungen eines bestimmten Lernverhaltens handelt, die für ihn mehr oder minder dauernd und umfänglich zutreffen und entsprechende besondere pädagogische Bemühungen erforderlich machen.

Vor allem zur Ingangsetzung dieser Bemühungen ist die Bezeichnung „geistige Behinderung" überhaupt vonnöten, zugleich aber verändern diese Bemühungen gerade die Position des Betreffenden in dem Einteilungsschema. So kann der Umfang der Behinderung verringert werden bis zu dem Grade, daß die ursprüngliche Zuordnung hinfällig wird – und ein Geistigbehinderter zum Lernbehinderten oder ein Lernbehinderter zu einem regelhaft Lernenden wird.

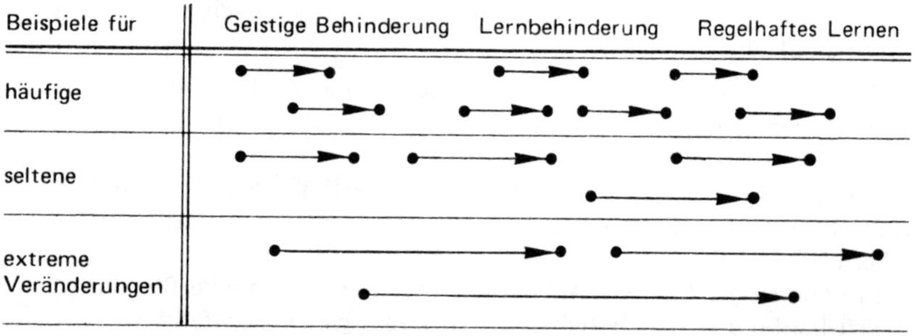

Die Frage also, ob ein bestimmter Mensch nach erfolgten erziehungsbedingten Veränderungen nun eigentlich ein geistig Behinderter war oder nicht, bzw. ob ein diagnostischer Irrtum vorlag, ist falsch gestellt. Es gibt keine „eigentliche geistige Behinderung", sondern stets nur ein Lernverhalten, das für eine bestimmte Dauer der geistigen Behinderung zugeordnet werden muß, um entsprechende pädagogische Aktivitäten zu gewährleisten. So ist es z.B. auch falsch, ein Kind mit Down-Syndrom (sog. Mongolismus) grundsätzlich als geistigbehindert zu bezeichnen, obschon solche Einordnung für viele dieser Kinder auch auf Dauer zutrifft.

4. Das Problem der Besonderheit

Die erzieherischen Bemühungen um Behinderte sind dadurch gekennzeichnet, daß sie auf unregelhaftes Lernverhalten eingestellt sind in der Form unregelhafter Verfahrensweisen und Techniken. Wo besondere Erziehungssituationen vorliegen, muß pädagogisch etwas Besonderes, d. h. zugleich auch: etwas über das Übliche Hinausgehendes unternommen werden.

Sonderpädagogik in diesem Sinne hat also nicht etwas mit Absonderung, Separation, Isolierung, sondern viel mehr mit Zusätzlichkeit zu tun.

Denn während das Regelhafte, das Gewohnte, Geübte, im allgemeinen zur Verfügung Stehende ist, bereitet das Unregelhafte in der Erziehung besondere Umstände, macht besondere Überlegungen, Umwege, Vorkehrungen, Mittel erforderlich.

Je schwerer eine Behinderung, desto umfänglicher ist der besondere Erziehungsbedarf.

Allerdings ist das Besondere nicht zu verstehen als etwas ganz anderes oder gar als etwas Absonderliches. Vielmehr geht es gerade bei geistiger Behinderung darum, das Gewöhnliche, Reguläre zu tun – nur bewußter, verdichteter, einfallsreicher, unermüdlicher.

Geistigbehindertenerziehung ist also besonders differenzierte und intensivierte Erziehung. Sie muß das planmäßig und über längere Zeitabschnitte hin gezielt tun, was bei der regelhaften Erziehung gleichsam von selbst geschieht. Normales Erziehungsverhalten im Sinne des Zuwartens und des gelegentlichen Anregens bedeutet bei vorliegender geistiger Behinderung Verstärkung der Behinderung.

Wenn Sondererziehung also bedeutet: über das übliche Maß hinausgehende Zusätzlichkeit von Erziehungsbemühungen und der besonderen Erziehungssituation angemessene pädagogische Akzentuierung, so bleibt sie in ihrem Vorgehen und in ihren Zielen jedoch am regelhaften Erziehungsverlauf und seinen Zielen orientiert, um dem Behinderten einen weitmöglichen Anschluß an die gesellschaftlichen Gesamtbezüge zu eröffnen.

5. Das Problem der Intelligenzförderung

Verständlicherweise konzentriert sich bei vorliegender geistiger Behinderung die pädagogische Aufmerksamkeit zunächst auf die Möglichkeit, die geistige Situation zu verbessern, d. h. behinderungsspezifisch im Sinne einer Intelligenzförderung zu verfahren. Angesichts des geschilderten Sachverhaltes der grundsätzlichen Mitbeeinträchtigung des Wahrnehmungs-,

Motorik-, Sprach-, Sozial- und Emotionalbereichs bei vorliegender geistiger Behinderung bedarf es jedoch stets eines komplexen, neben der Intelligenzfunktion auch diese Bereiche berücksichtigenden Vorgehens.

Zudem muß gesehen werden, daß Intelligenzförderung in der frühen Kindheit nahezu ausschließlich auf eine Förderung im Wahrnehmungs- und Motorikbereich angewiesen ist — und daß selbst die Förderung der Sprache und der Soziabilität zumindest weitgehend in diesem Rahmen erfolgt.

Das Training spezieller Denkvollzüge, die über die Wahrnehmungsleistungen hinausgehen, ist erst in den folgenden Entwicklungsabschnitten und auf Grund erfolgter Wahrnehmungserziehung möglich.

Eine Sonderstellung im Früherziehungsprozeß nimmt der emotionale, der Gefühlsbereich ein. Er ist vor allem durch seine Mittler- und Bedingungsfunktion für die Wirksamkeit aller Bemühungen der Früherziehung gekennzeichnet. Die Möglichkeiten intellektueller Förderung sind weitgehend von dem Umfange abhängig, in dem es gelingt, emotionale Ansprechbarkeit zu wecken und zu differenzieren.

Aufgabenbereiche der Früherziehung Geistigbehinderter

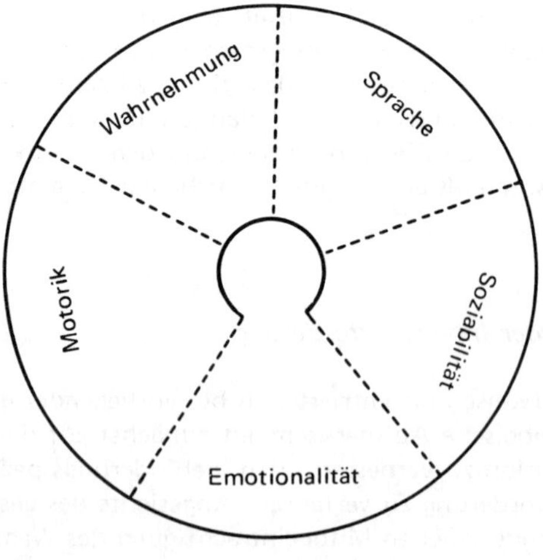

6. Das Problem der Fachgemäßheit

Das Besondere der Erziehung Geistigbehinderter bemißt sich zwar am Regelhaften, ist jedoch bezüglich seines Umfangs und seiner Akzentuierung alles andere als das Selbstverständliche.

Es bedarf der sorgfältigen Kenntnisnahme der besonderen Gegebenheiten und der besonderen Methoden, also der Fachgemäßheit, soll das Notwendige für die Erziehung geschehen.

Das bedeutet nun jedoch keineswegs Exklusivität im Sinne der Reservierung des Fachwissens und damit der Machtpositionen für eine bestimmte Kaste von Fachleuten.

Zwar werden für die praktisch noch kaum aufgegriffenen Aufgaben der Früherziehung Geistigbehinderter dringend gut ausgebildete, kenntnisreiche und praktisch befähigte Sonderpädagogen benötigt, wie sie im Personenkreis etwa der Diplom-Pädagogen endlich als Ergänzung der Sonderschullehrer heranzuwachsen scheinen.

Jedoch wäre es verhängnisvoll, wenn auch im Bereiche der Sonderpädagogik ein Fachjargon weiter um sich greifen würde, der Laien und insbesondere Eltern das Verständnis für die Sachverhalte unmöglich macht und sie letztlich von kundiger Mitarbeit weitgehend ausschließt.

Das wäre nicht zuletzt für die Früherziehung Behinderter bedenklich, weil die entscheidenden Aktivitäten von den Eltern, also von Laien, zu übernehmen sind und das Gelingen der Arbeit von ihnen, von ihrer Kundigkeit abhängt.

Und selbst die Wirksamkeit der speziellen Unternehmungen der ordinierten Fachleute steht und fällt mit der verständnisvollen Unterstützung durch die sogenannten Laien im häuslichen Bereich. „Die entscheidende Bedeutung der Eltern für die Frühförderung geistig behinderter Kinder ist gerade darin begründet, daß sie ihr an sich schwer verstehbares Kind am besten kennen und verstehen" (*Speck* 1973. S. 138).

Darüber hinaus sollte nicht übersehen werden, daß es auf absehbare Zeit auf dem Gebiete der Früherziehung Geistigbehinderter wesentlich mehr unordinierte als ordinierte Fachleute geben wird, d. h. mehr Laien, die umfänglichere Kenntnisse über die speziellen Gegebenheiten besitzen als manche sogenannten Fachleute.

Darum sollte alles vermieden werden, den Gesichtspunkt der Fachgemäßheit unnötig hochzuspielen und künstliche Grenzen zu ziehen – statt Informationen in verständlicher Form und großer Breite zur Verfügung zu stellen und ebenso intensive wie respektvolle Zusammenarbeit zwischen Fachleuten und Laien, die nicht als „Hilfspersonal" abqualifiziert werden dürfen, sicherzustellen.

Demgemäß ist es ein ausdrückliches Ziel der erzieherischen Bemühungen um den Geistigbehinderten, die Befähigung der Familie (der Eltern, der älteren Geschwister und anderer häuslicher Miterzieher) zu ermöglichen

- zu einem angemessenen Verständnis der seelisch-geistigen Situation des Behinderten und für die sich stellenden Erziehungsaufgaben,
- zu gleichsinniger erzieherischer Mitarbeit und zur Unterstützung der institutionellen Erziehungsbemühungen im Hause,
- zu einem Verständnis für das Unverständnis der Umwelt und zu entsprechenden, positive Verhaltensweisen provozierenden Reaktionen und
- zur Bewältigung der ebenso durch die Konfrontation mit dem Behinderten wie durch die negativen Umwelteinstellungen bedingten seelischen Notlagen (*Bach* 1973, S. 84 ff.).

Daß daneben eine detaillierte fachliche Beratung gerade im Rahmen der Früherziehung in wesentlich größerem Umfange wünschenswert wäre, als sie in absehbarer Zeit angeboten werden kann, steht außer Zweifel.

Wenn mit vorliegender Schrift – als gewissermaßen erste Handreichung – ganz konkrete Hinweise für die Arbeit gegeben werden, soll doch nicht die Gefahr übersehen werden, daß in Einzelfällen – mangels individueller Beratung – überfordernde Erziehungsbemühungen einsetzen, die kaum zu einer Verbesserung des Gesamtzustandes beizutragen vermögen.

Dies bei einer breiten Ingangbringung gezielter Früherziehungsbemühungen zu riskieren, scheint jedoch sinnvoller, als es mit der hoffnungslosen Forderung nach einer ausreichenden Anzahl an Fachberatern für die Früherziehung sein Bewenden haben zu lassen und weiterhin geistigbehinderte Säuglinge in ein Behinderungsmaß hineinwachsen zu lassen, das durch vernünftige Benutzung praktischer Handreichungen zum Teil wesentlich geringer gehalten werden könnte.

Trotzdem sei nachdrücklich darauf hingewiesen, daß die speziellen körperlichen Voraussetzungen für die Früherziehung durch Ärzte mit entsprechender Erfahrung abgeklärt und – wenn irgend erreichbar – der individuelle Rat von Sonderpädagogen (Sonderschullehrern, Sonderkindergärtnern, Diplom-Pädagogen der Fachrichtung Sonderpädagogik, Behindertenpsychologen) gesucht werden sollte; denn allgemeine Programme zur Früherziehung wie die vorliegenden können die Verschiedenartigkeiten des einzelnen Kindes (z. B. bestimmte zusätzliche Körper- oder Sinnesbehinderungen) nicht berücksichtigen und müssen es dem Erzieher überlassen, auf Grund der individuellen Befunde die passenden Einstiegstellen zu finden und zu entscheiden, welche Übungen zweckmäßigerweise übergangen, welche zu ergänzen und welche mit besonderer Ausführlichkeit vorzunehmen sind.

Aus diesem Grunde wird auch bei den hier vorgelegten Programmen ausdrücklich auf die Angabe von Altersstufen und von Übungszeiträumen verzichtet und statt von Plänen von Anregungen gesprochen.

Eine Fortsetzung der Übungsvorschläge für entsprechend entwickelte Kinder findet sich in *Kling/Bach:* Leistungs- und Beobachtungsheft für die fundamentale Erziehung bei Geistigbehinderten, anderweitig Behinderten und bei nicht behinderten Kleinkindern. Berlin ^{3}1978

2. Die Situation des geistigbehinderten Säuglings

Hannelore Sachers

1. Schwierigkeiten der Früherkennung

Vorliegende Schrift beschäftigt sich mit der Förderung geistigbehinderter Kleinkinder in der Zeit von ihrer Geburt bis zum Entwicklungsalter von etwa einem Jahr.

Im ersten *Lebens*jahr macht sich eine geistige Behinderung in manchen Fällen noch gar nicht bemerkbar. Bereits *Gesell* betont die besondere Schwierigkeit, „im Säuglingsalter und in der frühen Kindheit . . . zwischen normalem und anormalem Verhalten einen scharfen Trennungsstrich zu ziehen" (*Gesell* 1960, S. 286). Die Streuungsbreite, innerhalb derer sich die einzelnen Funktionsbereiche entwickeln, läßt auch noch die Möglichkeit offen, daß Verzögerungen vom Kind von selbst aufgeholt werden. Wenn es sich später aber doch herausstellt, daß eine umfängliche Behinderung vorliegt, ist schon wertvolle Zeit ungenutzt verstrichen.

Um so früh wie möglich mit besonderen Förderungsmaßnahmen beginnen zu können, müßte also die Behinderung so bald wie möglich nach der Geburt oder nach Eintritt der Schädigung entdeckt werden. Wegen der Schwierigkeit einer eindeutigen Diagnose sollte jedoch schon die Vermutung eines Schadens genügen, um mit gezielten Erziehungsbemühungen zu beginnen.

Kinder mit auffälligen Schädigungen, wie z. B. dem Down-Syndrom, lassen erfahrungsgemäß geistige Beeinträchtigungen erwarten. Bei ihnen ist es nicht schwer, die besondere Förderungsbedürftigkeit festzustellen. Bei den übrigen Säuglingen handelt es sich oft um sog. Risiko-Kinder, wenn es während der Schwangerschaft der Mutter oder während ihrer Geburt Komplikationen gab:

a) praenatal z. B. durch infektiöse Erkrankung der Mutter (Röteln etc.), Strahlenschädigungen, Blutgruppenunverträglichkeit usw.,
b) perinatal z. B. durch lange und schwere Geburt mit Sauerstoffmangel.

Auch die Frühgeburten mit zu geringem Geburtsgewicht sind in ihrer Entwicklung gefährdet und bedürfen besonderer Beobachtung.

Nach der Geburt (postnatal) auftretende Krankheiten des Säuglings (Encephalitis, Meningitis, Impfschädigungen) können ebenfalls zu erheblichen Hirnschäden führen. Deshalb sollten der Säugling und das Kleinkind nach jeder Krankheit sorgfältig beobachtet werden.

Systematische Vorsorgeuntersuchungen erleichtern es den Kinderärzten, die Entwicklung der einzelnen Funktionsbereiche zu überprüfen, und ermöglichen es, eher als bisher Auffälligkeiten festzustellen. Auf der Grundlage der ärztlichen Untersuchungsergebnisse müssen dann gezielte Förderungsmaßnahmen einsetzen.

Die meisten geistigbehinderten Kinder zeigen die reflexartigen Reaktionen aller Neugeborenen (Saug-, Licht- und Greifreflex, reflexartiges Lächeln usw.), sie reagieren – wenn keine zusätzliche Seh- und Hörbehinderung vorliegt – auf helles Licht und laute Geräusche durch Zusammenzucken oder Abwehr. Diese Reflexe werden dann jedoch in der Regel länger als üblich beibehalten.

Bei den meisten Neugeborenen, bei denen sich später eine geistige Behinderung herausstellt, fällt jedoch eine der beiden folgenden extremen Verhaltensweisen auf (nach den Empfehlungen der Bundesvereinigung Lebenshilfe zur Früherziehung 1969a):

Sie sind entweder besonders unruhig und zeigen u. U. eigenartige Bewegungen, die sie häufig wiederholen; sie schreien besonders viel, ohne daß ein Grund (z. B. Hunger) vorzuliegen scheint,
oder sie sind beunruhigend still, schreien kaum, haben evtl. auch Schwierigkeiten bei der Nahrungsaufnahme und trinken schlecht.

Im 2./4. Lebensmonat – wenn dies normalerweise erwartet werden kann – zeigt der geistigbehinderte Säugling in der Regel noch keine Anteilnahme an der Umgebung, reagiert kaum oder gar nicht auf Anlächeln und Ansprachen, auf bewegte Gegenstände oder Geräusche. Später verzögern sich Greifen, Aufrichten, Sitzen und Lallen außergewöhnlich lange (Empfehlungen zur Früherziehung).

Auch wird häufig eine besonders ausgeprägte Schreckhaftigkeit weit über die ersten Wochen hinaus festgestellt.

2. Regelhafte und unregelhafte Entwicklung

Bis vor einigen Jahren fand der Säugling nahezu ausschließlich von Medizinern fachliche Beachtung; sie überwachten den körperlichen Gesundheitszustand, und die Mutter übernahm die Pflege. Allmählich machte man jedoch die Erfahrung, daß es zur Feststellung von Krankheiten oder Entwicklungsrückständen nicht reicht, allein die körperlichen Funktionen zu überprüfen, sondern daß auch kognitive, emotionale und soziale Verhaltensweisen der Kinder wesentlich Aufschluß über den Stand ihrer Gesamtentwicklung geben. Aufgrund eingehender Untersuchungen wurden entwicklungsphysiologische Tabellen erstellt, welche die statomotorische, die Sinnes-, Sprach- und Sozialentwicklung des Säuglings umfassen. Ähnlich wird bei den 1971 eingeführten Vorsorgeuntersuchungen im Kleinkindalter verfahren, indem in einem „Checkheft" der Arzt bei der Untersuchung all das „abhaken" kann, worüber der Säugling gemäß der Altersnorm verfügt. Konsequenterweise müssen nun die vorwiegend der Diagnose und der medizinischen Therapie dienenden Maßnahmen durch spezielle pädagogische Förderungs-Programme ergänzt werden, die sich am jeweiligen Entwicklungsstand des Säuglings orientieren, und eine gezielte Elternberatung ermöglichen.

Jeder Säugling braucht menschlichen Kontakt und liebevolle Annahme, wenn er sich ungestört entwickeln soll. Der gesunde und aktive Säugling reagiert auf die Zuwendung seiner Umwelt und ruft damit wiederum Reaktionen hervor, ja fordert sie geradezu heraus, daß es Spaß macht, sich mit ihm zu beschäftigen.

Das behinderte Kind bedarf unter den gleichen Umweltreizen und -bedingungen in ganz besonderem Maße der Zuwendung und der Anregungen, da es meistens inaktiv und still in seinem Bettchen liegt. Selbst Hunger äußern behinderte Säuglinge „nicht mit höchster Lautstärke", sondern beruhigen sich „häufig selbst durch andauerndes Leersaugen, durch Hin- und Herbewegen des Kopfes oder durch Schaukelbewegungen" (*R. Schauer,* 1971). Da sie ihre Bedürfnisse nicht selbst anmelden, werden sie oft in geringerem Maße befriedigt. Ihre Kontaktarmut bewirkt weniger Zuwendung der Außenwelt; denn es hat ja den Anschein, daß sie diese nicht brauchen, daß sie womöglich lieber „ihre Ruhe haben wollen", daß sie die Ruhe sogar nötig haben. Vor allem kann der letztgenannte Irrtum leicht auftreten, wenn die Eltern bereits von der Behinderung ihres Kindes wissen und glauben, darauf durch geringe Beanspruchung seiner schwachen Kräfte Rücksicht nehmen zu müssen. So entsteht ein „circulus vitiosus": „Je ruhiger das inaktive Kind ist, um so weniger Anregungen erfährt es; und je weniger es angeregt wird, um so stiller wird es" (*R. Schauer,* 1971, S. 77).

Das Fehlverhalten der Umwelt, das zu einer Vernachlässigung des behinderten Kindes führt, kann also dadurch entstehen, daß – wie oben beschrieben – die besonderen Bedürfnisse nicht erkannt oder mißverstanden werden.

Ein weiterer Grund, warum das geistigbehinderte Kind zu wenig Zuwendung und Anregungen bekommt, kann in einer negativen Einstellung der Eltern zum Kind und seiner Behinderung liegen. Enttäuschung, Resignation und Hoffnungslosigkeit aus Unkenntnis der pädagogischen Möglichkeiten bis hin zur völligen Ablehnung des Kindes, können ebenfalls dazu führen, daß nichts außer der notwendigen körperlichen Pflege getan wird (*Bach,* 1973, S. 86 ff.).

Angst vor der Meinung der Nachbarn führt auch heute noch manchmal dazu, daß das behinderte Kind versteckt wird und der notwendigen Anregungen durch die Außenwelt über die täglich gleichbleibende Umgebung hinaus entbehren muß.

Hier ist es Aufgabe einer möglichst frühzeitig einsetzenden Beratung, die Eltern in behutsamen und verständnisvollen Gesprächen über die vermutlichen Möglichkeiten und Grenzen des Kindes zu informieren, damit sie zu einer sowohl realistischen, als auch positiven Einstellung ihrem Kinde gegenüber gelangen können.

Da die Früherziehung im Bereich der Geistigbehindertenpädagogik bislang zu wenig beachtet wurde, findet sich auch noch kaum Literatur über geistigbehinderte Säuglinge. Vorliegende Schrift stützt sich daher vorwiegend auf die Literatur, die sich mit der regelhaften Entwicklung in der Säuglings- und Kleinkindzeit beschäftigt. Die Erfahrungen, die hier über den Lernprozeß bei Säuglingen gesammelt wurden, werden bezüglich der zu fördernden Verhaltensweisen herangezogen, z. T. stark differenziert und umfänglich ergänzt. Die in den Verhaltensprofilen von *Gesell* und in den Testreihen von *Bühler/Hetzer* ermittelten Durchschnittswerte dienen dabei als grobe Orientierungshilfen.

Aus den angegebenen Verhaltensweisen des gesunden Kindes werden also Anregungen abgeleitet, die das geistigbehinderte Kind zu besserem Verhalten hinführen sollen. Es muß jedoch beachtet werden, daß der Entwicklungsstand eines gesunden einjährigen Kindes von dem geistigbehinderten Kind erst wesentlich später erreicht werden kann. Das bedeutet, daß das Programm, das sich die Erreichung der Einjährigkeit zum Ziel gesetzt hat, u. U. bis zum dritten oder vierten Lebensjahr des behinderten Kindes durchgeführt werden muß. Bei schwerstbehinderten Kindern läßt sich überhaupt keine Zeit- und Altersgrenze angeben.

Die hier zusammengestellten Übungsvorschläge bedürfen empirischer Überprüfung sowie entsprechender Verbesserung und Erweiterung. Da eine enge Wechselbeziehung zwischen den verschiedenen Funktionsbereichen und Verhaltensweisen besteht, ist eine exakte Trennung von sensorischen und motorischen Funktionen einerseits und emotional-sozialen Verhaltensweisen andererseits nicht möglich. So ist z. B. die Sensorik in vielen Fällen Voraussetzung für sozialemotionales Verhalten. Ebenfalls ist bei der Anbahnung sozialen Verhaltens der Entwicklungsstand in der Motorik zu berücksichtigen. Kann das Kind greifen, sitzen oder gar schon gehen, so treten andere Anregungen zur Förderung des sozialen Lernens in den Vordergrund. Umgekehrt ist der Entwicklungsstand im sozialemotionalen Bereich auch für die Entwicklung der Motorik und den Gebrauch der Sinne von Bedeutung. — Die einseitige Beachtung und Übung eines bestimmten Funktionsgebietes führt daher zwangsläufig zu Störungen der Gesamtentwicklung.

3. Der Entwicklungsrahmen

Brigitte Schoppmann

1. Raumausstattung

Bereits bei der Auswahl des Raumes, des Bettes usw. setzt die Frühförderung ein. Zunächst muß in einem geeigneten Raum eine ruhige Stelle für das Bett des Säuglings gesucht werden.

Auch der Kauf des Kinderbettes bedarf der Überlegung. Die Seitenwände sollten dem Säugling das Hinaussehen in den Raum ermöglichen. Am geeignetsten erscheint ein Gitterbett, das durch die Abstände der einzelnen Gitterstäbe genügend Sichtmöglichkeiten bietet. Später dienen die Stäbe als Anregung zum Greifen und Hochziehen. Aus diesem Grund ist auch ein Bett, das mit elastischen Gumminetzen umgeben ist, unzweckmäßig. Das Kind kann darin zwar gut sehen, aber bei seinen ersten Greifversuchen wird es sich mit seinen Händchen leicht in dem Netz verfangen. Dieses negative Erlebnis bringt die Gefahr mit sich, daß das Kind in seiner Aktivität nachläßt. Beim Kauf des Bettes ist weiter darauf zu achten, daß es leicht zu bewegen ist, damit es in einen anderen Raum gebracht werden kann, um dort neue Eindrücke zu ermöglichen. Gerade das geistigbehinderte Kind muß ausreichend angeregt werden, um jede „Unbeweglichkeit" zu vermeiden.

Ebenso ist bei dem Kauf eines Laufgitters darauf zu achten, daß Stäbe dem Kind ein Hochziehen erlauben. Bei der Verwendung von Laufgitter, Kinderstuhl und ähnlichen Gegenständen, muß man sich aber klar darüber sein, daß sie auch eine Einschränkung der Bewegungsfreiheit und damit der Kontaktmöglichkeiten mit der Umwelt bewirken. Natürlich gibt es Situationen, in denen es gerechtfertigt ist, einen „Laufstall" zu verwenden. Die Eltern sollten aber bedenken, daß leicht die Gefahr besteht, das Kind viel länger darin zu lassen, als es nötig wäre.

Hat das Baby bereits ein eigenes Zimmer, so sollte es ansprechend tapeziert sein; bunte Bilder und andere Gegenstände gehören ebenfalls in das Kinderzimmer, selbst wenn das Kind noch klein ist und scheinbar noch nichts davon bemerkt. Eintönigkeit muß vermieden werden, denn der geistigbehinderte Säugling, der meist ruhiger ist als andere Kinder, soll aktiviert werden.

2. Tagesablauf

Je ruhiger das geistigbehinderte Kind ist, um so weniger Anregungen wird seine Umwelt ihm bieten, und aus Mangel an Anregungen wird es immer ruhiger werden. Diese Gefahr muß den Erziehern Geistigbehinderter bewußt sein, damit sie das Ruhigsein des Säuglings nicht begrüßen und verstärken. Schon im ersten Lebensmonat müssen dem Kleinkind Anregungen geboten werden. Der Tagesverlauf macht deutlich, daß die anfangs kurzen Zeiten des Wachseins mit den Möglichkeiten der Frühförderung identisch sind. Beim Füttern, Baden und Wickeln ergeben sich Gelegenheiten, den ersten Kontakt zum Kind aufzunehmen. Dabei ist zunächst der Hautkontakt von besonderer Bedeutung. Über Tast- und Wärmeerlebnisse nimmt das Kind die Mutter wahr. Daher muß sie ihrem Kind ausreichend Zuwendung durch körperliche Nähe gewähren. Die ständige Wiederholung dieses Beisammenseins schafft im Kind allmählich das Gefühl der Geborgenheit.

Sehr wichtig ist es, daß die Mutter viel mit ihrem Kinde spricht. Das Kind hat zwar noch kein Wortverständnis, aber es erkennt „die Melodie der mütterlichen Sprache" (*Stirnimann* 1951, S. 30). Schon der wenige Tage alte Säugling, der die Stimme der Mutter hört, reagiert zumeist mit Saugbewegungen und Erwartungshaltung auf die Stimme. Zunächst ist kein „reizspezifisches" Reagieren festzustellen, d. h. der Klang der mütterlichen Stimme wird noch nicht unterschieden; sowohl Schimpfen, als auch freundliches Ansprechen werden in der gleichen Weise beantwortet. Erst im Laufe der Zeit reagiert der Säugling dann „situationsspezifisch".

Wird das Baby älter und bleibt es nach dem Füttern und Baden einige Minuten länger wach, kann die Umwelt allmählich etwas erweitert werden, indem man es auf den Arm nimmt und einen „Spaziergang" durch die Wohnung macht. Dieser Gang sollte jeden Tag ein- oder zweimal wiederholt werden. Keineswegs darf die Mutter ihr Kind jedoch aus dem Schlaf wecken, um zu einer bestimmten Zeit das Förderprogramm durchzuführen.

Am geeignetsten scheint die Zeit nach dem Baden für Fördermaßnahmen zu sein. *Gesell* schlägt vor, das Baden auf den Spätnachmittag zu legen, weil die Kinder dann in den meisten Fällen aufnahmefähiger sind als am Morgen. Für die Mutter ist diese Zeit im allgemeinen auch günstig. Wenn sie ihre Arbeiten im Haushalt beendet hat, sollte sie sich vor dieser „Badestunde" noch ein wenig entspannen.

Beim Füttern macht sich bei nicht behinderten Säuglingen schon nach wenigen Wochen die „Triebkraft des Forschens" *(Aengenendt)* bemerkbar, indem das Kind sein Trinken unterbricht, um auf Geräusche zu achten oder nach Gegenständen in seiner Nähe zu greifen. Die Tatsache, daß das

Kind nicht mehr seine ganze Aufmerksamkeit der Nahrungsaufnahme schenkt, sondern beginnt, sich anderen Dingen zuzuwenden, beruht auf der Erfahrung, die das Kind immer wieder im Zusammensein mit der Mutter macht: Es wird regelmäßig und ohne Zeitdruck gefüttert, bis es satt ist. Dieser Sachverhalt ist für den Umgang mit dem behinderten Kind besonders beachtenswert. Wäre die Dauer des Fütterns zu kurz und ohne Spielraum, würde hier bereits eine Möglichkeit des Kindes vertan, sich Dingen und Menschen zuzuwenden und sie genauer kennenzulernen. Regelmäßige Zeiten des Fütterns sind für Mutter und Kind erforderlich, aber es muß auch die Möglichkeit bestehen, einmal davon abzuweichen. Durch genaues Beobachten kann die Mutter in kurzer Zeit den Tagesrhythmus ihres Kindes feststellen und danach ihren Plan einrichten.

In den ersten Monaten schreien die meisten Kinder, wenn sie Hunger haben. Da dieses Schreien der Übung der Mitteilungsfunktion dient, sollte es da, wo es noch nicht spontan auftritt, gefördert werden, indem das Kind nicht zum Essen aufgenommen wird, bevor es schreit. Sobald es sich aber verständlich macht, sollte man es in der ersten Zeit sofort aufnehmen. Später wird das Verhalten dahingehend verändert, daß das Kind ein wenig warten lernt. Es soll Gelegenheit erhalten und lernen, sich in dieser Zeit selbst zu beschäftigen. Wird der Säugling älter, kann man ihn im Laufgitter oder im Stuhl in die Nähe der Mutter bringen, damit er sieht, daß die Mutter noch arbeitet oder daß sie gerade dabei ist, seine Flasche fertig zu machen. Hier lernt das Kind bereits, Rücksicht zu nehmen.

Um dem geistigbehinderten Säugling Reaktionen zu entlocken, muß man ihm Reize bieten. Jede positive Beantwortung des Reizes ist als Zuwendung anzusehen; dabei ist zunächst nicht genau zwischen Dingen und Menschen zu unterscheiden. „Für ein kleines Kind sind alle Dinge im höchsten Maße persönlich, und umgekehrt werden Personen gern als Dinge angesehen" (*Gesell* 1971, S. 26). Man sollte sich also über jede Reaktion des geistigbehinderten Kleinkindes freuen und diese Freude dem Kind auch zeigen und es loben, indem man es anlächelt, bejahend mit dem Kopf nickt und es freundlich anspricht. Dadurch wird das Kind verstärkt, und ein neuer Anreiz zu diesem Tun ist gesetzt. In gleicher Weise sollte der Erwachsene seine Freude auch zeigen, wenn der Säugling beginnt nachzuahmen. „Das Nachahmen ist wohl die wichtigste – in manchen Kulturen die einzige – Form des sozialen Lernens" (*Oerter* 1972, S. 134). Zunächst ahmt das Kind nur einfache Tätigkeiten nach, später hat es immer mehr Möglichkeiten, auch differenziertes Tun der Erwachsenen nachzuahmen. Gefährlich wird der Drang zur Nachahmung dann, wenn das Kind sein Interesse auf den Umgang mit Dingen wie gefüllte Kaffeekanne, heißes Bügeleisen usw. ausweitet. Das Kind muß, sofern es eine sachgemäße Handhabung noch nicht erlernen kann, vor diesen Dingen geschützt werden, indem man sie aus seiner Reichweite nimmt. Bei der Anwendung von Verboten ist größte Zurückhaltung am Platze: „Dadurch daß die Verbote die Aktivität des Kindes unterbrechen, enthalten sie zugleich die Gefahr des Rückfalls in die Passivität . . ." (*Spitz* 1959, S. 43). Die ersten Schritte zur Selbständigkeit lassen sich schon früh anbahnen, z. B. indem man dem Kind gelegentlich den Breilöffel oder die Tasse in die Hand gibt und ihm im Beisein der Mutter dann Zeit läßt, diese Dinge auszuprobieren und zu gebrauchen. Ungeschicklichkeiten des Kindes dürfen nicht zum Abbruch des Versuches führen.

Schließlich gehören zum Tagesablauf auch des geistigbehinderten Säuglings Spazierfahrten.

Aus falscher Scham vor Nachbarn und Bekannten vermeiden manche Eltern diesen wichtigen Punkt. Jeder Säugling bedarf aber für seine Gesundheit viel frischer Luft. Außerdem weitet sich seine Umwelt auf den Spaziergängen immer mehr aus. Er lernt fremde Dinge sehen und beobachten.

3. Spiel und Spielzeug

Das Spiel ist eine „Grundform der aktiven Auseinandersetzung des Individuums mit der Welt" (*Hetzer* 1968, S. 213). Seine Bedeutung für geistigbehinderte Kleinkinder ist daher besonders groß. Geistigbehinderte spielen weniger als ihre nicht behinderten Alterskameraden; es zeigt sich immer wieder, daß sie in passivem Verhalten verharren und häufig monotone Bewegungsabläufe wiederholen. „Da diese Kinder kein Bedürfnis zeigen, sich spielend zu betätigen, meint man ihnen auch keinerlei Anregungen zu tätigem Spiel geben zu müssen, obwohl sie dieser Anregungen gerade in besonderem Maße bedürfen" (*Hetzer* 1968, S. 219). Die Eltern geistigbehinderter Kinder müssen deshalb über die Bedeutung des Spiels für die Entwicklung aufgeklärt werden. Gerade im ersten Lebensjahr ist für sehr viele Spielsituationen der Kontakt zwischen Erwachsenem und Kind notwendig. Anfangs gewinnt das Kind erst Freude am Spiel durch die Gegenwart der Mutter. Ein Spielzeug, da man dem Geistigbehinderten ohne weitere Anregungen in die Hand drückt, wird sein seelisch-geistiges Werden wahrscheinlich kaum fördern. Man muß dem Säugling das Spielzeug zunächst nahe bringen, indem man ihm zeigt, wie man damit umgeht (Rassel schütteln, Teddy streicheln, Quietschtier drücken . . .), um es ihm dann zu eigener Tätigkeit zu reichen.

Das Spiel als eine Form der Frühförderung sollte wegen seiner vielfältigen Anregungsqualitäten besonders gepflegt werden. Es läßt sich z. B. die Aufmerksamkeit des Kindes in ganz einfachen Spielübungen anbahnen: Die Mutter klatscht mehrmals in die Hände, hört plötzlich auf zu klatschen und schaut ihr Kind erstaunt an. Das Spiel „Geben und Nehmen" wird z. B. so ausgeführt, daß die Mutter ihrem Kind zeigt, wenn es einen Gegenstand aus ihrer Hand ergriffen hat, daß es diesen auch zurückgeben kann und ihn dann von der Mutter wiederbekommt. Dieses Spiel läßt sich mit Mimik und Gestik und mit Bitte und Danke-sagen unterstützen. Die Bedeutung des Spiels als Kontaktmöglichkeit darf allerdings nicht von seiner Bedeutung als Form der Selbstbeschäftigung ablenken.

Besondere Beachtung bedarf die Auswahl des Spielzeugs. „Jedes Spielzeug, das wir einem Kind in die Hand geben, ist ein Angebot zu lernen..." (*Hetzer* 1971, S. 18). Deshalb müssen alle Spielgegenstände dem jeweiligen Entwicklungsalter des Kindes entsprechen. Außerdem sollte die Möglichkeit ausgeschlossen sein, sich an ihnen zu verletzen oder sie zu verschlukken. Die Farben müssen klar und leuchtend sein, damit sie das Kind ansprechen. Das Spielzeug, das dem Kind angeboten wird, muß auch daraufhin geprüft werden, ob es Aktivitäten des Kindes zuläßt oder entwikkeln kann.

Folgende Angaben über geeignetes Spielmaterial für das erste Lebensjahr beruhen auf Vorschläge *H. Hetzers.* In die Nähe des Bettes sollten in den ersten Monaten bunte Gegenstände aufgehängt werden: Luftballon, Windrad . . . Am Bett selbst kann eine Kugelkette befestigt werden. Als weitere Gegenstände folgen: Rassel, Klapper, Beißring, Gummitiere, Teddy, Stofftiere, Schwimmgegenstände, Trommel, Ball, Hohlwürfel und Schachteln zum Öffnen. Auch andere Haushaltsgegenstände, die die oben erwähnten Kriterien erfüllen, können als Spielzeug dienen. Man darf dem Kind aber nicht zuviel Spielzeug auf einmal geben, um eine Reizüberflutung zu vermeiden.

4. Früherziehung im sensorischen und motorischen Bereich

Hannelore Sachers

1. Die Bedeutung von Sensorik und Motorik für die Gesamtentwicklung

Das erste Lebensjahr ist Teil der „sensiblen Periode der psychomotorischen Entwicklung beim Kind", die etwa bis zum Ende des dritten Lebensjahres dauert (*J. Pechstein* 1974, S. 148)

Piaget bezeichnet das erste Lebensjahr als „sensomotorische Periode der Intelligenzentwicklung". Das motorische Verhalten des Säuglings und Kleinkindes drückt sich in der Begegnung mit der dinglichen Umwelt aus, die es „handelnd zu begreifen sucht" (*Piaget* 1969, S. 7).

Die verwendeten Begriffe „Senso-Motorik" und „Psychomotorik" sollen die Wechselbeziehungen und -wirkungen zum Ausdruck bringen, die zwischen Wahrnehmungen und Bewegungsabläufen und zwischen seelischem und körperlichem Geschehen bestehen. Die Psychologie betont die „sensomotorische Einheit" (*Koffka* 1925) der frühen Kindheit, in der „Sensorium und Motorium, Sinnesapparat und Bewegungsapparat, ... eine noch ungeschiedene Einheit bilden". „Sehen und Handeln, Erleben und Erledigen sind noch eins."

Nach *Pechstein* (1973, S. 148) gilt besonders die Zeit vom 2.–7. Lebensmonat als „Periode erhöhter Empfindlichkeit gegenüber Umweltreizen". Reize der Außenwelt lösen sowohl motorische Reaktionen als auch eine Tätigkeit der Sinne aus. Aus den anfänglich „unbedingt reflektorischen Reaktionen" (*Eichler* 1968, S. 18) des Neugeborenen, die angeboren sind und unwillkürlich auf einige wenige Reize erfolgen, entwickeln sich dann allmählich die ersten bedingten Reflexe, „erste erworbene Anpassungsverhalten" *(Piaget)*, die zu Gewohnheiten werden. Diese ersten Verhaltensschemata werden durch die vielfältigen Impulse, die auf die Sinnesorgane einwirken, bald durch aktive Tätigkeiten ergänzt, die dem Kinde dazu dienen sollen, „interessante Schauspiele andauern zu lassen" *(Piaget)*, und gipfeln schließlich im Entdecken und Ausprobieren neuer Gegenstände und Phänomene. Diese Lernprozesse zeigen sich beim gesunden Kind schon im ersten Lebensjahr, sind aber noch der „sensomotorischen" oder „praktischen Intelligenz" im Sinne *Piagets* zuzurechnen. Die ganze spätere Intelligenzentwicklung baut sich auf diesen vorbegrifflichen sensomotorischen Lernerfahrungen auf, die sich ohne Mitfunktion der Sprache vollziehen, und bei denen vor allem aufeinanderfolgende Wahrnehmungen und Bewegungen koordiniert werden (*O. Speck* 1972, S. 170).

2. Regelhafter Entwicklungsverlauf

Voraussetzung für die Entdeckung und Beurteilung etwaiger Entwicklungsrückstände in der frühen Kindheit ist die Kenntnis der physischen und seelisch-geistigen Entwicklung des gesunden Kleinkindes. Sorgfältige Verhaltensbeobachtungen von Säuglingen und Kleinkindern ermöglichten die Aufstellung von Verhaltensprofilen und -diagrammen sowie entwicklungsphysiologischen Tabellen und die Entwicklung von Testreihen, mit deren Hilfe die einzelnen Funktionsbereiche des Kindes vom erstem Lebensmonat ab überprüft werden können.

Grundlage der hier vorgelegten Förderungsprogramme bilden die Verhaltensprofile von *Gesell,* die Kleinkindertests von *Bühler/Hetzer* und die entwicklungsphysiologischen Tabellen von *Hellbrügge/Pechstein.* Als Ergänzung wurden noch der „Denver Developmental Screening Test" herangezogen sowie eine „chronologische Darstellung der normalen Entwicklung im Säuglingsalter" von *Mengi* (1973).

Im Folgenden soll ein Überblick über die sensorische und motorische Entwicklung des ersten Lebensjahres gegeben werden, um die wichtigsten Aspekte aufzuzeigen, die entwicklungsphysiologisch in diesem bedeutenden Lebensabschnitt auffallen und zu beachten sind.

Nach der Stufeneinteilung von *Kroh* bildet das erste Lebensjahr die ersten beiden Phasen der „frühen Kindheit". Während in der 1. Phase, die bis zum ersten Zurücklächeln im Alter von 5–8 Wochen reicht, „biologische Funktionen der Erhaltung und Entfaltung" im Vordergrund stehen (*Bergius* 1959) liegt der Schwerpunkt der 2. Phase, die bis ins Alter von 11–12 Monaten reicht, auf der „durch gefühlshafte Erlebnisse gesteuerte(n) Kontaktnahme mit der Umwelt".

Nach *Ch. Bühler* (1931, S. 1) ist das Neugeborene „ein vorwiegend rezeptives Wesen", das „auf alle Reize der Außenwelt (mit Ausnahme des Nahrungsreizes, also der Mutterbrust und deren Geruch) zunächst negativ reagiert" (Flucht- und Abwehrreaktionen!). Erst im zweiten und dritten Lebensmonat wendet sich das Kind den Reizen zu und beginnt sie aufzunehmen und zu verarbeiten. Mit dem Beginn des Greifens im Übergang zum zweiten Lebenshalbjahr fängt es an, die Dinge seiner Umwelt zu „begreifen". Ende des ersten Lebensjahres erwacht schließlich – mit dem Beginn der „Werkzeug-Intelligenz" – das Denken.

Man könnte das erste Lebensjahr auch in verschiedene Phasen einteilen, in denen jeweils ein anderes Sinnesorgan im Vordergrund steht, mit dem das Kind die von außen kommenden Reize aufnimmt und bewältigt.

Die in den ersten Lebenswochen nur unbewußt und unbestimmt wahrgenommenen taktilen Empfindungen (Mutterbrust, Hautkontakt) und Geruchsempfindungen werden in ihrer Bedeutung durch die zunehmende optische Wahrnehmungsfähigkeit abgelöst („Schaualter" bei *Ch. Bühler,* Zeit des „Sehlings" bei *Sigismund*). Obwohl sich die akustische Wahrnehmungs- und Differenzierungsfähigkeit ebenfalls weiter entwickelt, steht das Sehen bedeutungsmäßig an erster Stelle. Mit dem Beginn des „Greifalters" gewinnt das aktive Abtasten und Befühlen (nach *Bühler/Hetzer* schon ab 4. Lebensmonat) an Bedeutung, und die Qualitäten der Gegenstände werden durch Zuhilfenahme des Mundes taktil noch verstärkt empfunden.

Da gleichzeitig mit der Entwicklung der Sinne auch die motorischen Fähigkeiten zunehmen, ist das gesunde Kind in der Lage, sich mehr und mehr aktiv seiner Umwelt zuzuwenden. Die ungesteuerten „Impulsivbewegungen des Einmonatkindes" werden von den „Experimentierbewegungen des Dreimonatkindes" (*Bühler/Hetzer* 1953, S. 12) abgelöst. Durch das Drehen und Heben des Kopfes und das Aufrichten des ganzen Oberkörpers erweitert sich das Blickfeld, und schließlich ist das Kind fähig, sich fortzubewegen und sich selbst den Personen und Dingen seiner Umwelt zu nähern, mit ihnen Berührung aufzunehmen, damit zu experimentieren und daraus zu lernen.

Es gibt zwar bestimmte Regeln, nach denen sich die menschliche Entwicklung vollzieht, jedoch werden – auch in der frühen Kindheit – die Regeln dieses Entwicklungsprozesses nicht allein von biologischen Gegebenheiten, sondern ebenso sehr von Umwelteinflüssen mitbestimmt.

Lange Zeit vertrat man in der Säuglingserziehung das Prinzip des Wachsen- und Reifenlassens. Es gab also praktisch noch gar keine Säuglings„erziehung" im engeren Sinne, da man das Kind im ersten Lebensjahr möglichst von der Außenwelt abschirmte und „in Ruhe" ließ. *Czerny,* der Wiener Kinderarzt, schrieb 1908: „. . . ein Säugling entwickelt sich am besten, wenn er nur körperlich gut versorgt und im übrigen möglichst sich selbst überlassen wird". Auch die heute noch gängigen Leitfäden für die Kleinkindererziehung geben der Mutter für das erste Lebensjahr fast ausschließlich Ratschläge für die körperliche Pflege und Ernährung und selten pädagogische Hinweise.

Allmählich setzt sich jedoch die Erkenntnis durch, daß die Entwicklung des Säuglings und Kleinkindes durch gezielte pädagogische Angebote von außen beschleunigt werden kann. Daß sie infolge fehlender Anregungen durch die Umwelt andererseits zurückbleiben muß, hat schon lange das Problem der hospitalisierten Kinder bewiesen.

Reifung ist also kein rein biologischer Vorgang, „Entwicklung . . . nicht nur ein automatischer Ablauf naturgegebener Anlagen, sondern ganz wesentlich auf Impulse von außen angewiesen" (*E. Bauer* 1970). Wenn man von einigen bestimmten Funktionen, die weitgehend von inne-

Die Entwicklung der Wahrnehmungsfähigkeit im ersten Lebensjahr

	Gesell	*Bühler/ Hetzer*	*Hellbrügge/ Pechstein*
1. Taktile Wahrnehmung (ohne Berücksichtigung des Saugens)			
Reagiert auf Berühren der Wange mit Kopfdrehen		1. Mon.	
Berührt und betastet Gegenstände		4. Mon.	Ende 4. Mon.
Streicht über Decke und Gitterstäbe	4. Mon.	4. Mon.	
Spielt mit seinen Fingern	4. Mon.	4. Mon.	Ende 4. Mon.
Steckt Spielzeug in den Mund	4. Mon.		Ende 5. Mon.
Will alles abtasten und untersuchen	7. Mon.		
Steckt alles in den Mund	7. Mon.		
2. Akustische Wahrnehmung			
Beginnt Geräusche wahrzunehmen	1. Mon.	1. Mon.	1. Mon.
Lauscht einer Glocke		2. Mon.	Ende 2. Mon.
Versucht akust. Lokalisation mit den Augen		4. Mon.	Ende 3. Mon.
Sucht nach einer Schallquelle durch Kopfdrehen		3. Mon.	Ende 4. Mon.
Hört auf zu weinen bzw. freut sich bei Musik			Ende 5. Mon.
3. Optische Wahrnehmung			
Starrt auf Lichtquellen	4 Wo.	2. Mon.	
Verfolgt Gegenstand seitwärts bis zu je 45°			Ende 1. Mon.
dito bis zu je 90°	2.–3. Mon.		Ende 2. Mon.
Interesse für Rot und Orange	2.–3. Mon.	2. Mon.	

Die Entwicklung der Motorik im ersten Lebensjahr

	Gesell	*Bühler/ Hetzer*	*Hellbrügge/ Pechstein*
Verfolgt einen im Kreis bewegten Gegenstand mit den Augen			Ende 3. Mon.
Betrachtet genau ein Spielzeug in der Hand	4. Mon.	5. Mon.	Ende 4. Mon.
Blickt nach heruntergefallenem Gegenstand (aus dem Sitzen)			Ende 7. Mon.
Hebt den Kopf mindestens 1 Min.			Ende 3. Mon.
Hält Rassel kurze Zeit fest	Ende 2. Mon.		Ende 2. Mon.
Rollt den Kopf frei von einer Seite zur anderen	4. Mon.		
Ergreift berührten Gegenstand (Rassel)	5. Mon.	5. Mon.	
Ergreift gezielt die Rassel (ganzhändig)	6. Mon.	6. Mon.	Ende 6. Mon.
Stützt sich in Bauchlage auf Handflächen		5. Mon.	Ende 5. Mon.
Wälzt Körper aus Rücken- in Bauchlage	6. Mcn.	8. Mon.	Ende 6. Mon.
Sitzt (noch unsicher)		8. Mon.	Ende 7. Mon.
Sitzt frei		9./10. Mon.	Ende 9. Mon.
Setzt sich selbst auf	10. Mon.	11.–12. Mon.	Ende 8. Mon.
Zieht sich zum Stand hoch	10. Mon.	11.–12. Mon.	Ende 10. Mon.
Robbt vor- und rückwärts			Ende 9. Mon.
Krabbelt auf Händen und Knien	10. Mon.	9./10. Mon.	Ende 10. Mon.
Steht allein	1 Jahr		
Geht mit Unterstützung	1 Jahr		Ende 11. Mon.
Geht allein			Ende 12. Mon.

ren Reifungsprozessen abzuhängen scheinen, absieht, kann die Entwicklung aktiv gefördert werden.

Wie schwierig es jedoch ist, Normen für die regelhafte Entwicklung eines gesunden Kindes im ersten Lebensjahres aufzustellen, zeigt ein Vergleich des entwicklungsphysiologischen Materials der oben erwähnten Autoren.

Dies ist um so weniger verwunderlich, wenn man bedenkt, daß die Entwicklung der einzelnen Funktionen nicht als „Abfolge von konkreten, stets beobachtbaren Einschnitten und Übergängen" verstanden werden kann, sondern daß sie sich viel eher in Schüben vollzieht (*Bergius* 1959, S. 130), und daß es gewisse Variations- oder Streubreiten gibt – im zeitlichen Ablauf und in der Reihenfolge des Auftretens –, innerhalb derer Akzelerationen bzw. Retardierungen möglich sind, ohne schon pathologisch zu sein. *Gesell* benutzt daher seine „Wachstumsstufen" nur als „Markierungen zur leichteren Orientierung". Er will „mit ihrer Hilfe Gradienten der Reifung einzelner Funktionen, Tendenzen der Entwicklung also, deutlicher machen", sie nicht als „Normen zur Feststellung von Entwicklungsstörungen" verstanden wissen (*Bergius* 1959, S. 130). Dagegen erklären *Hellbrügge* und *Pechstein* (1968), daß bereits „ein Rückstand von einem Monat – besonders im ersten Lebenshalbjahr – verdächtig" sei und Anlaß sorgfältiger Beobachtung sein müsse.

Die vorstehende Übersicht über die Entwicklung einzelner Funktionen im ersten Lebensjahr, wie sie *Gesell, Bühler/Hetzer* und/oder *Hellbrügge/Pechstein* darstellen, soll noch einmal die obige Problematik veranschaulichen.

Die Angaben von *Gesell* sind – nach *Bergius* (1959, S. 128) – „in manchen Punkten nur für intelligente bis überdurchschnittlich begabte nordamerikanische Kinder der oberen Mittelklasse gültig". – Die Daten von *Hellbrügge* und *Pechstein* (1968) fußen u. a. auch auf den Angaben und Übersichten von *Gesell, Bühler* und *Hetzer.* Ihr entwicklungsdiagnostisches Schema" wurde aber „modifiziert aufgrund neuer Erfahrungen", die z. T. gegenüber früher eine allgemeine Akzeleration erbrachten.

5. Früherziehung im sprachlichen Bereich

Barbara Franke

1. Die Bedeutung der Sprache für die Gesamtentwicklung

Die Beherrschung der Sprache gibt einem Menschen die Möglichkeit, mit seiner Umwelt in differenzierten Kontakt zu treten. Er kann Wünsche und Gefühle mitteilen, Fragen stellen und Erklärungen verstehen. Sprache erleichtert das Gliedern und Ordnen der Umwelt und ermöglicht, Entferntes, Vergangenes und Mögliches zu erfassen und mitzuteilen.

Da beim Geistigbehinderten die Möglichkeit der Orientierung, der denkenden Verarbeitung von Sinneseindrücken und Erlebnissen und der sozialen Kommunikation stark eingeschränkt sind, bedeutet das Erlernen der Sprache eine wesentliche Hilfe für die Entwicklung des Kindes.

Ein gesunder Säugling bringt durch Anlachen, Anlallen, Anblicken und Anfassen seine Pflegepersonen früh dazu, seine gesamte Entwicklung und damit auch seine Sprachentwicklung fast unbewußt zu fördern. Geistig behinderte Kinder haben diese Kontaktfähigkeit nur in beschränktem Maße. Hinzu kommt, daß sie weniger spontan lernen. Deshalb sind sie verstärkt auf Anregung und Steuerung ihrer Lernprozesse angewiesen. Daher gehört eine planmäßige Entwicklung der Sprache zu den Aufgabengebieten der pädagogischen Frühförderung.

Es gibt während der kindlichen Entwicklung Perioden, in denen das Kind bestimmte Fähigkeiten besonders leicht erlernt, wenn ihm die notwendigen Anreize geboten werden. Ein verstärktes Angebot in dieser Zeit führt bei geistigbehinderten Kindern zu größeren Erfolgen als spätere Bemühungen. Durch gezielte Entwicklungsanreize wird die Möglichkeit gegeben, rascher die nächste Entwicklungsstufe zu erreichen. Es empfiehlt sich also, nicht abzuwarten, bis Fähigkeiten heranreifen, sondern ein Zur-Reife-Bringen (*Atzesberger* 1970, S. 84) zu versuchen.

Die Förderung der Sprache muß in engem Zusammenhang mit der Förderung des emotionalen Verhaltens und der Wahrnehmung stehen und sollte bereits in den ersten Lebenstagen beginnen.

Objektsymbolisierung, wie sie durch die Sprache geschieht, setzt Objektbeziehung voraus. Der Eintritt von Objektbeziehungen läßt sich nur indirekt fördern durch eine Förderung der visuellen, akustischen und taktilen Wahrnehmung und Hilfe beim Aufbau emotionaler Beziehungen. Daher sollen Übungen zur sprachlichen Förderung nicht isoliert durch-

Die Entwicklung der Sprachäußerungen im 1. Lebensjahr

	Gesell	*Atzesberger*	*Hellbrügge/ Pechstein*
Schreit bei unangenehmen Wahrnehmungen		Neugeb.	Neugeb.
Schreit bei Hunger	ab 0;1	ab 0;1	Ende 1. Mon.
Lallbeginn		ab 0;2	Ende 2. Mon.
Kann 3 verschiedene Laute von sich geben			Ende 3. Mon.
„Gurrt" und „quietscht"	ab 0;4		Ende 4. Mon.
Freude an spontaner Lautbildung mit Silben-wiederholung		ab 0;6	Ende 4. Mon.
Kann 4 unterscheidbare Laute von sich geben			Ende 6. Mon.
Macht sich durch bestimmte Silben-Ruflaute bemerkbar	ab 0;10		Ende 6. Mon.
Deutliche Silbenverdoppelung (ma-ma, ta-ta)	ab 0;10		Ende 8. Mon.
Plappert 8 verschiedene Silben z.T. in Kettenaufreihung mit Betonung der Zungenspitzen-tätigkeit			Ende 9. Mon.
Sagt „Mama" und „Papa" ohne sichere Differenzierung	ab 0;10		Ende 10. Mon.
Ahmt Laute nach, wenn Erwachsene dazu anregen		ab 0;6	Ende 10. Mon.
Bildet eine Vielheit von Vokalen und Konsonanten	ab 0;7		

Die Entwicklung des Sprachverständnisses im 1. Lebensjahr

	Gesell	*Atzesberger*	*Hellbrügge/ Pechstein*
Plappert kurze Sätze (Silben)	ab 0;12		Ende 11. Mon.
Spricht erstes sinnvolles Wort	ab 1;3	ab 1;0	Ende 11. Mon.
Spricht wenigstens 2, meist 5–10, sinnvolle Wörter in Kindersprache	ab 1;3	zw. 1;0–1;6	Ende 12. Mon.
Sucht auf dem Arm der Mutter mit den Augen Gegenstände oder Personen, die die Mutter zuvor 3mal genannt hat			Ende 7. Mon.
Sucht durch Kopfdrehung bestimmte bekannte Gegenstände bzw. Personen			Ende 8. Mon.
Macht nach vorangegangener Belehrung auf Aufforderung „patsch-patsch"	ab 0;10		Ende 9. Mon.
Ahmt „winke-winke" nach	ab 0;10	ab 0;9	Ende 10. Mon.
Reagiert auf seinen Namen			Ende 10. Mon.
Reagiert auf die Aufforderung „gib mir"		ab 0;11	Ende 10. Mon.
Macht bei Aufforderung ohne Hilfe „winke-winke"	ab 0;10	ab 0;9	Ende 11. Mon.
Versteht das Verbot: „nein, nein"			Ende 11. Mon.
Führt eine Aufforderung aus (z. B. „bring mir . . .") (hole, komm her)	ab 1;6	ab 1;3	Ende 12. Mon.

geführt werden, sondern im Rahmen eines allgemeinen Förderungsprogrammes stehen. Weiterhin muß darauf geachtet werden, daß die reinen Funktionsübungen keine Vorrangstellung einnehmen, sondern daß die Übungen weitmöglich in einem dem Kinde erlebbaren Sinnzusammenhang stehen.

2. Regelhafter Entwicklungsverlauf

Den Übungen zur sprachlichen Förderung bei Geistigbehinderten fußen auf der regelhaften sprachlichen Entwicklung. Die angegebenen Werte wurden aus Entwicklungstabellen von *Gesell, Atzesberger, Hellbrügge/Pechstein* übernommen. Sie geben Durchschnittswerte aufgrund von Reihenuntersuchungen an. Dabei wird unterteilt in Sprachäußerungen und Sprachverständnis. Das Sprachverständnis geht zwar der Sprachfertigkeit um Monate voraus, ist aber in den Tabellen erst in der zweiten Hälfte des 1. Lebensjahres erwähnt, weil es vorher nicht eindeutig feststellbar ist.

Die im speziellen Teil zusammengestellten Übungsprogramme fußen auf den Beschreibungen der regelhaften Entwicklung bei *C.* und *W. Stern, Gesell, Bühler/Hetzer,* ferner auf den Arbeiten zur sprachlichen Förderung von geistigbehinderten Kindern von *Atzesberger* und von *Josef/Böckmann,* den Anweisungen zur Übung mit Gehörlosen von *Löwe* und der Sprachheilarbeit bei Spastikern von *Goldschmidt.* Da die meisten dieser Schriften jedoch mit der Sprachförderung erst bei einem wesentlich höheren Entwicklungsalter der Kinder einsetzen, bedurfte es vielfältiger Ergänzungen und Modifikationen.

6. Früherziehung im sozialen und emotionalen Bereich

Brigitte Schoppmann

1. Die Bedeutung des Sozialverhaltens für die Gesamtentwicklung

Das soziale und emotionale Verhalten im ersten Lebensjahr wird in der Literatur kaum berücksichtigt. Besonderes Gewicht wird auf die Ausbildung der einzelnen Körperfunktionen gelegt. Als soziales Verhalten findet meist nur das erste soziale Lächeln die Aufmerksamkeit der Autoren. Es drängt sich die Frage auf: Sind beim Säugling schon Emotionen vorhanden, und ist er überhaupt in der Lage, bereits Sozialverhalten zu zeigen oder es auf entsprechende Anregung hin zu erlernen?

Angesichts der Erscheinung des Hospitalismus läßt sich diese Frage bejahen. Obwohl Kinder in Heimen körperlich gut betreut werden, d. h. Pflege und Ernährung gesichert sind, verkümmern sie in ihrer Entwicklung. „Fortschritt und Entwicklung im Psychischen sind ganz wesentlich von der Herstellung der Objekt- oder sozialen Beziehungen abhängig" (*Spitz* 1957, S. 9). Sofern es in Heimen an liebevoller Zuwendung fehlt, können sich Sozialbeziehungen nicht bilden. *Spitz* berichtet von Kindern, die in Heimen aus Mangel an Zuwendung starben. Untersuchungen *Pechsteins* ergaben, daß Kinder nach einem Heimaufenthalt von über sechs Monaten in der Statomotorik Entwicklungsrückstände von etwa 20% aufweisen, in der Sozialentwicklung sogar 50%. Diese Angaben legen die Vermutung nahe, daß sich die Körperfunktionen auch ohne Anregungen der Umwelt noch verhältnismäßig „normal" entwickeln. Die Sozialentwicklung scheint dagegen weitgehend von äußerer Beeinflussung und Förderung abhängig zu sein. Ein Säugling kann erst dann Sozialverhalten erlernen, wenn man ihm sozial begegnet.

Bezüglich des Sozialverhaltens sind in der Literatur verschiedene Positionen zu finden. Der Auffassung *Piagets,* der Säugling sei „asozial", steht die Meinung von *Schmitz* gegenüber, der den Säugling ein „soziales Wesen" nennt. *Schmitz* spricht von der „sozietären Bezogenheit des Menschen", die sich erst im Laufe der Entwicklung genauer erkennen läßt, „sie tritt aber, da es sich hier um einen Wesenszug des Menschen handelt, nicht in einem bestimmten Stadium der Entwicklung als etwas Neues hinzu, sondern sie besteht von Anfang an" (1962, S. 172). Nach *Lichtenberger* ist der Erwachsene zunächst der „Sozial-Gebende" und der Säugling der „Sozial-Nehmende". Hierin wird deutlich, daß der Säugling schon von

Geburt an als Partner an sozialen Beziehungen teilnimmt und damit schon in einfacher Form über Sozialverhalten verfügt. Als eine der ersten sozialen Verhaltensweisen kann neben der Sozialfunktion des Nehmens bereits das „Sich-Beruhigenlassen" durch die Mutter angesehen werden.

Die in der Literatur vertretenen Meinungen über die Emotionalität sind ebenfalls unterschiedlich. Für *Aengenendt* sind Durst, Hunger, Kältegefühle, Müdigkeit . . . die ersten Emotionen im Kleinkindalter. Er spricht davon, daß das emotionale Leben des Säuglings noch von organischen Zustandsgefühlen bestimmt ist. *Stirnimann* lehnt dagegen den Begriff „Gefühle" für den Bereich des Körperlichen ab und verwendet die Bezeichnung „Empfindung" (Kälteempfindung . . .). Erst bei Einsetzen „objektiven Erlebens" (1951, S. 8) wählt er den Begriff „Gefühl". Für *Gesell* steht fest: Das Bedürfnis des Säuglings „nach Luft, nach Nahrung, sein Wahrnehmungsvermögen für Wärme, Kälte, körperliches Unbehagen und Behagen, sind das Herzstück seines Gefühlslebens" (1971, S. 29). Als Reaktion auf diese organischen Reize treten zunächst noch undifferenzierte Unlust- oder Lustäußerungen auf. Unlust macht sich in den ersten Lebenswochen ausschließlich durch Weinen bemerkbar, während Lustgefühle sich in Schlaf und Ruhigsein äußern.

Das emotionale Verhalten ist schwer faßbar; die Gefühlsregungen sind „so flüchtig und in ihren Konturen so verschwommen, daß sich ihrer Beschreibung erhebliche Schwierigkeiten entgegenstellen" (*Lersch* 1966, S. 221). Im Folgenden wird der Versuch unternommen, das Emotionalverhalten in engster Verbindung mit dem Sozialverhalten zu beschreiben. In der „sozialen Interaktion zwischen Bezugsperson und Kind sind zumindest im 1. Lebensjahr die wesentlichsten sensorischen wie emotionalen Einflüsse mit enthalten" (*Pechstein*. S. 60). Ein Sozialverhalten ohne Emotion läßt sich kaum denken. Als Beispiel sei das erste soziale Lächeln genannt, das wahrscheinlich nicht eintreten würde, wenn der Säugling beim Anblick der Mutter keine Freude empfände. Auch *Gesell* geht nicht speziell auf die Emotionen des Säuglings ein, er sagt: „Wir können die Gemütsbewegungen des Kindes ableiten auf Grund seines äußeren Verhaltens und auf Grund der Entwicklung seiner Persönlichkeit" (1971. S. 34). In dem Maße, in dem sich das Sozialverhalten ausbildet und differenziert, entwickeln sich auch die Emotionen.

Sozialverhalten reguliert das Leben in der Gemeinschaft und ist daneben zugleich Voraussetzung für die Gesamtentwicklung eines Menschen. Es müssen deshalb frühzeitig Lernprozesse angeregt werden, in denen die Erfahrungen des Gemeinschaftslebens übernommen werden. Dabei ist jedoch zu beachten, daß das Sozialverhalten nicht starr festgelegt, sondern vom jeweiligen Kulturbereich abhängig ist. Der Mensch wächst in einen bestimmten Kulturkreis hinein und erlernt das dort gültige Sozialverhalten.

Die Bedeutung, die das Sozialverhalten für den Menschen hat, sollte Anlaß geben, die Verhaltensnormen ständig zu überprüfen. Diese Aufgabe muß von Eltern und Erziehern Geistigbehinderter ernst genommen werden, da hier die Gefahr besonders groß ist, extreme Positionen einzunehmen. Hier sei nur die Erziehung zur „Unauffälligmachung" (*Bach* 1973, S. 24) erwähnt, die aus der übersteigerten Forderung nach Anpassung und Verträglichkeit des Geistigbehinderten entsteht.

Lernen dient insofern der Soziabilitat, als das Kind sich mit jedem Neugelernten besser auf seine Umwelt einstellen kann. So ist z. B. beim Neugeborenen die erste soziale Beziehung abhängig von Tast-, Lage- und Geruchsinn. Die Erweiterung des Sozialverhaltens hängt dann von der Ausbildung des optischen und akustischen Sinnes ab. Je differenzierter die Wahrnehmungen werden, umso differenzierter werden auch die Reaktionen des Säuglings auf seine Umwelt. Die verschiedenen Reaktionen sind neben der Ausbildung der Sinne auch von der Entwicklung der Motorik abhängig. Beim Anblick der Mutter wird der Säugling sich schon in den ersten Tagen beruhigen, später wird er lächeln und bei fortschreitender motorischer Entwicklung gibt er seiner Freude Ausdruck durch Strampeln und Greifen nach der Mutter. Sitzen, Stehen und Gehen bieten dann immer mehr Möglichkeiten, soziale Kontakte aufzunehmen. „Der erste freie Schritt ist eine Wendepunkt im Verhalten des Kindes zur Umwelt" (*Stirnimann* 1951, S. 62).

In umgekehrter Weise läßt sich aber auch sagen, daß das Sozialverhalten nicht nur von der Entwicklung der Sinne und der Motorik abhängig ist, sondern daß es diese auch weitgehend in ihrer Ausbildung fördert. Wenn das Kind Kontakt sucht, greift es vielleicht nach dem Gesicht der Mutter oder es zieht sich im Bettchen hoch. Auch das differenziertere Hören kann durch das emotionale Angesprochensein von der mütterlichen Stimme gefördert werden. Wenn der Säugling die Stimme der Mutter aus der Ferne vernimmt, wird aus dem einfachen Hören ein Lauschen, d. h. er hält den Atem an und wird ganz ruhig, um besser hören zu können.

Die Entwicklung der sozialen Beziehungen beginnt mit dem Zweierkontakt. „Entscheidend für das Wachsen und Gedeihen eines Kindes ist nicht die ‚technisch bestmögliche' Behandlung, sondern die seelische Beziehung zwischen Mutter und Kind" (*Hemsing.* S. 19). Die Gefahr, ihrem Kind nur geringe Zuwendung zu schenken, ist für Mütter geistigbehinderter Säuglinge besonders groß. Häufig sind sie entsetzt und verwirrt über die Geburt eines behinderten Kindes und verdecken ihre Ratlosigkeit durch übertriebene Pflege ohne Zärtlichkeit. Die Tatsache allein, daß die Mutter ihr Kind geboren hat, löst noch nicht unbedingt mütterliche Gefühle in ihr aus. *Spock* sieht deshalb zur Anregung dieser Gefühle das Stillen als besonders wertvoll an. Die Frau kann sich durch den engen

Kontakt, der beim Stillen gegeben ist, langsam in die Mutterrolle einleben. Ebenso ist das Stillen für die erste Kontaktnahme des Säuglings mit der Mutter wichtig. Die Geruchs- und Berührungserlebnisse, die er dabei erfährt, bilden die ersten Umweltreize, die er aufnimmt, von der Sättigung im Sinne fundamentaler Bedürfnisbefriedigung einmal ganz abgesehen.

Für die Mutter eines geistigbehinderten Kindes ist es nicht leicht, seelisch ausgeglichen und zugewandt zu sein, zumal eine gute Mutter-Kind-Beziehung stark von den ersten Reaktionen des Säuglings abhängt, z. B. vom Einsetzen des ersten Lächelns. Die ersten liebevollen Kontaktversuche werden häufig gar nicht erwidert.

Die Mutter ist die Person, die dem Säugling als erste alle Reize bieten kann, die er braucht. Beim Anziehen, Baden, Füttern, Liebkosen gehen taktile, akustische und optische Reize an den Säugling. Natürlich birgt die enge soziale Beziehung zwischen Mutter und Kind, die *Spitz* „Dyade" nennt, auch Gefahren. Vernachlässigung aber auch ängstliche oder verwöhnende Erziehung führen zur Fehlerzogenheit des Kindes, die sich in Hemmungslosigkeit oder Gehemmtheit äußern kann. Oft fallen diese Fehlhaltungen erst später auf, wenn sie sich bereits gefestigt haben, so daß zu ihrem Abbau besondere erzieherische Maßnahmen erforderlich sind (*Bach* 1973, S. 46 ff.).

So bedeutend die Mutter gerade für das erste Lebensjahr des Kindes ist, und so bedenklich ein Wechsel der Hauptbezugsperson in dieser Zeit auch ist, sollte sie doch nicht die einzige Bezugsperson sein. Es ist erforderlich, daß der Säugling auch andere Menschen (Vater, Geschwister, Bekannte) kennenlernt, um seine Sozialkontakte zu erweitern und zu differenzieren. Wie wichtig diese Forderung ist, fällt besonders dann auf, wenn Kind und Mutter aus bestimmten Gründen einmal getrennt werden müssen (z. B. bei einem Krankenhausaufenthalt der Mutter). Das Eingewöhnen in die neue Situation ist für das Kind leichter, wenn es vorher schon Kontakt zu anderen Menschen hatte.

Die Familie sollte zwar die Eigenart des Säuglings beachten; umgekehrt muß aber auch der Säugling Rücksicht auf die Familie nehmen und nicht zum Mittelpunkt ihres Lebens gemacht werden.

2. Regelhafter Entwicklungsverlauf

Die folgende Übersicht zeigt die Entwicklung des Sozial- und Emotionalverhaltens bei nicht behinderten Kindern auf. Sie stützt sich hauptsächlich auf die Entwicklungsprofile von *Gesell*. Da jedoch nicht ein Säugling wie der andere ist, treten schon in der „Normalentwicklung" große zeitliche Abweichungen auf. Noch wesentlich größer pflegen diese bei geistigbehinderten Kindern zu sein. Eltern geistigbehinderter Säuglinge sollten sich deshalb nicht zu sehr an festgelegten Zeiten des Entwicklungsverlaufes orientieren. Es besteht sonst die Gefahr, daß sie ihr Kind überfordern und ihre Bemühungen nach kurzer Zeit resigniert aufgeben.

1. Monat: Die meiste Zeit verbringt das Kind mit Schlafen. Es reagiert negativ auf laute Geräusche und grelles Licht. Beim Baden, Füttern und Wickeln nimmt es über die Haut den ersten Kontakt zur Mutter auf *(Hautkontakt).* Beruhigen läßt es sich durch Hochheben und Streicheln.

2. Monat: Behagen zeigt sich beim Füttern, Baden, Wickeln. Unlust wird durch undifferenziertes Schreien mitgeteilt. Geräusche werden wahrgenommen; sie lösen leichte Kopfbewegungen aus. Das Kind nimmt *Blickkontakt* auf.

3. Monat: Das Blickfeld des Kindes erweitert sich. Es schaut die Mutter direkter an und reagiert auf ihr Gesicht mit *„sozialem Lächeln".* Das Weinen wird differenzierter; die Mutter kann bereits feststellen, ob es aus Schmerz oder aus Müdigkeit weint. Das erste Lallen tritt als Zeichen der Freude und Zufriedenheit auf.

4. Monat: Durch aufrechtere Kopfhaltung erweitert sich die Umwelt des Kindes. Es wird empfänglicher für Sinneswahrnehmungen. Es lächelt die Menschen an, die in seine Nähe kommen und „gurrt, blubbert, gluckst, gurgelt" *(Gesell).* Die Stimme der Mutter erkennt es, und die ersten Erwartungshaltungen vor dem Füttern, Baden usw. treten auf. Es beginnt nach Spielzeug zu greifen.

5. Monat: Der Säugling streckt seine Arme nach Dingen aus, die er gerne hätte. Er steckt alles in den Mund. Seiner Freude gibt er Ausdruck durch Strampeln und Lachen. Negative Reaktionen treten bei Entfernen der Mutter auf.

6. Monat: Das Kind beschäftigt sich bereits kurze Zeit selbst. Den Erwachsenen streckt es die Arme entgegen, um aufgenommen zu werden. Unterschiedliche Reaktionen zeigt es Fremden und Bekannten gegenüber. Es unterscheidet zwischen freundlichem und erzürntem Gesichtsausdruck und reagiert entsprechend. Das Kind erkennt Dinge aufgrund seiner Erfahrung wieder und beantwortet sie „situationsspezifisch". Z. B. löst der Anblick der Milchflasche Saugbewegungen, Öffnen des Mundes oder Kopfdrehen aus. Unmutsäußerungen entstehen bei Wegnahme von Spielzeug.

7. Monat: Der Säugling beginnt zu sitzen. Er freut sich über die Stimmen ihm bekannter Personen (besonders der Mutter) und sucht bereits aktiv Kontakt. Wiederholtes Vormachen führt das Kind zur *Nachahmung.* Es kann sich immer länger und besser selbst beschäftigen.

8. Monat: Das Kind nimmt Gegenstände aus der Hand des Erwachsenen. Es freut sich an Versteckspielen. Gegenüber fremden Personen entwickelt es häufig Angst.

9. Monat: Das Mienenspiel des Kindes nimmt immer differenziertere Formen an. Der Kontaktwunsch und auch die Möglichkeiten, Kontakt aufzunehmen, werden ständig größer. Das Kind lenkt die Aufmerksamkeit der Erwachsenen nicht mehr ausschließlich durch Lautgebung auf sich, sondern bei räumlicher Nähe beginnt es an Kleidern zu zupfen und den Erwachsenen Spielzeug anzubieten.

10. Monat: Aufgrund immer besserer Wahrnehmung tritt die Nachahmung verstärkt ein. Das Kind wiederholt Verhaltensweisen, die von der Umgebung gelobt oder belacht werden. Mündliche Aufforderungen („Bitte, gib mir . . .") werden verstanden. Die ersten Bindungen an Lieblingsspielzeug sind festzustellen. Durch Kriechen und Stehen bieten sich weitere Möglichkeiten, mit der Umwelt Kontakt aufzunehmen.

11. Monat: Bei Spaziergängen finden fremde Menschen und Dinge Beachtung. Auf Anruf reagiert das Kind sofort. Es schaut den Erwachsenen erstaunt an, wenn etwas Unerwartetes geschieht (Anfänge des Fragens).

12. Monat: Die Bedeutung von Verboten wird klar („nein" . . .). Es werden immer mehr Laute und Silben imitiert. Das starke Nachahmungsbedürfnis führt zu Versuchen, selbständig aus der Tasse zu trinken und selbst mit dem Löffel zu essen.

7. Organisation der Frühberatung

Hannelore Sachers

1. Früherfassung

Damit die Eltern des geistigbehinderten Kindes so früh wie möglich sonderpädagogisch beraten werden können, ist eine enge Zusammenarbeit der vorhandenen Beratungsstellen mit den Entbindungskliniken und den ärztlichen Mütterberatungsstellen notwendig. Es muß dafür Sorge getragen werden, daß die Ärzte und Hebammen, die als erste eine Behinderung (z. B. Down-Syndrom) feststellen oder Hirnschädigungen (durch Geburtstraumen usw.) vermuten können, den Eltern dringend empfehlen, sobald wie möglich die nächste sonderpädagogische Beratungsstelle aufzusuchen. Das gleiche gilt für die Kooperation mit den Kinderärzten, die im Rahmen der Vorsorgeuntersuchungen Entwicklungsrückstände feststellen.

Da die Eltern jedoch häufig die Untersuchung ihres Kindes monatelang hinausschieben, weil sie die Behinderung nicht wahrhaben wollen und immer noch auf Normalisierung hoffen, müßte in weitaus größerem Umfange als bisher die Bevölkerung durch die Massenmedien (Artikel in Zeitungen und Zeitschriften, Vorträge und Filme in Rundfunk und Fernsehen) über die Probleme der geistigen Behinderung, der Früherkennungs-, Behandlungs- und Erziehungsmöglichkeiten informiert werden.

2. Befunderhebung

Wenn die Eltern mit ihrem behinderten Kind in die Beratungsstelle kommen, muß zunächst der Entwicklungsstand des Kindes festgestellt werden. Dies geschieht – in Ergänzung zum ärztlichen Befund – durch das Gespräch mit den Eltern und durch Verhaltensbeobachtungen bzw. entsprechende Tests.

Ebenso wichtig ist das aufklärende Gespräch mit den Eltern über die Bedeutung der pädagogischen Frühförderung und ihre Möglichkeiten. Ihre Einstellung zum Kind kann durch ein solches Gespräch entscheidend beeinflußt und damit schon ein wichtiger Beitrag für den Erfolg der zukünftigen Arbeit geleistet werden.

3. Beratung, Anleitung, Rückmeldung

Fußend auf dem erhobenen Befund erfolgt die spezielle Beratung. Das dabei im Mittelpunkt stehende Förderungsprogramm orientiert sich an den Stufen, die dem Entwicklungsstand folgen und muß methodisch auf das Kind abgestimmt werden. Die ausgewählten Übungen, jeweils einen bestimmten Funktionsbereich betreffend und in kleine und kleinste Schritte aufgegliedert, müssen bereits in der Beratungsstelle im Beisein der Mutter mit dem Kind praktisch ausprobiert und von der Mutter nachvollzogen werden, damit Mißverständnisse ausgeschaltet und Unsicherheiten zu Hause möglichst vermieden werden. Theoretische Erläuterungen allein genügen nicht.

Die Übungen können der Mutter u. U. schriftlich in Form von Übungskarten mitgegeben werden. Die Übungskarte – vergleichbar einem Rezept – soll die Mutter an die vorgesehenen Übungen erinnern und Überforderungen durch unzweckmäßige oder zu vielfältige Übungen vorbeugen.

Regelmäßige – wöchentliche oder vierzehntägige – Besuche in der Beratungsstelle sind notwendig, um überprüfen zu können, welche Fortschritte das Kind gemacht hat und um der Mutter eine entsprechende Bestätigung für ihre Bemühungen zu geben.

Hat das Kind das Ziel einer Übungskarte erreicht, so erhält die Mutter eine darauf aufbauende neue Karte. Wieviele Übungskarten die Mutter nach Hause mitbekommt, muß von Fall zu Fall entschieden werden. Von denjenigen Übungen, die für längere Zeit Bestandteil des Tagesablaufes sein sollen, können mehrere mitgegeben werden. Von anderen, die ein begrenztes Gebiet, z. B. das Krabbeln, betreffen, sollte jeweils nur eine Karte mitgegeben werden, um zu gewährleisten, daß diese eine Aufgabe oft genug durchgeführt und eine Zersplitterung vermieden wird.

Da die Entwicklung und Erziehbarkeit des geistigbehinderten Kindes durch Unregelhaftigkeit *(Bach)* gekennzeichnet ist – Begabungsausfälle können Begabungsspitzen gegenüberstehen! – ist es für die Mutter besonders schwer, ohne pädagogische Anleitung die Förderungsmaßnahmen durchzuführen.

Da sich in vielen Fällen jedoch keine Beratungsstelle in leicht erreichbarer Nähe befindet, die Eltern die nächste Beratungsstelle nur in größeren Zeitabständen aufsuchen können, muß die Mutter je nach den gegebenen Verhältnissen, den individuellen Bedürfnissen und Fortschritten ihres Kindes selbständig aus dem Programm auswählen unter Beachtung der genannten Grundregeln. Ein regelmäßiger Telefonkontakt mit einer Beratungsstelle kann dabei wenigstens eine gewisse Hilfe bieten: Die Beratungsstelle sollte (wie auch die Mutter zu Hause) die erzielten Fortschritte des Kindes schriftlich festhalten. Zu empfehlen wäre die Führung des folgenden Programmteils, in dem die erreichten Ziele nur durch Datumsvermerk abgehakt zu werden brauchen.

Wie die einzelnen Übungskarten gestaltet werden könnten, zeigen die folgenden Beispiele:

Tasten

Körper frottieren und reiben

Nach dem tägl. Bad das in das Badetuch gehüllte Kind auf dem Wickeltisch trockenreiben, danach mit einem trockenen Frottee-Waschlappen (Waschhandschuh)

a) behutsam und langsam über den Körper streichen, mehrmals hintereinander über Bauch, Rücken, Arme, Beine,
b) dieselben Körperteile mit dem Frotteelappen kräftiger reiben, mehrmals hintereinander in derselben Richtung hoch und runter,

dabei zum Kind sprechen, eine Melodie singen oder summen,
Bewegungen rhythm.-musikal. untermalen, z. B. durch „Ri-Ra-Rutsch . . .“

Sehen

Mit den Augen ein Pendel verfolgen

Einen bunten Ball an einer längeren Schnur oder in einem Netz langsam hin und her pendeln lassen,

dazu singen: Bim-Bam-Bim-Bam
oder Bal-la, Bal-la,
oder Hin-Her-Hin-Her o. ä.

Hören

Glöckchen am Stab

Dem liegenden Kind einen Stab, an dessen Spitze ein Glöckchen befestigt ist, in die Hand legen,

anfangs die Hand mit dem Stab zudrücken und festhalten, damit es diesen nicht fallen läßt,

zum Kind sprechen: Horch! Klingelingeling! und dabei die Hand mit dem Stab ein wenig bewegen,

dies mehrmals wiederholen,

allmählich die Hand lockern, die Hand des Kindes nicht mehr zuhalten und nur noch ein wenig am Handgelenk halten und bewegen.

Später nur noch den Glockenstab in die Hand geben, dann nur noch zum Greifen anbieten.

Motorik

Anregung zum Krabbeln

Das Kind auf dem Teppich im Fersensitz hocken lassen,
ein Lieblingsspielzeug an eine Schnur binden und außer Reichweite vor dem Kind auf den Boden legen.

Wenn es sich in den Vierfüßlerstand aufgerichtet hat und nach dem Spielzeug greift, dieses langsam wegziehen und einige Meter knapp vor dem hinterherkrabbelnden Kind heranziehen.

Bald ergreifen lassen – Erfolg erleben lassen!

Zum ganzen Vorgang sprechen: z. B. „Komm, Hansi, komm! Schau, das Auto (die Ente)! Hol das Auto! (. . . die Ente!)"

Sozialbereich

An das Bett des Kindes treten
Kind anlächeln

Freundlich ansprechen: „Ja, da bist du ja."
Tiefer über das Bett beugen
Bauch des Kindes antippen
Kurze Silben dazu sprechen: „Du, du, du; kille . . ."

Gefühlsbereich

Kind auf den Schoß setzen
Mit der Hand über seinen Arm krabbeln, sein Ohrläppchen zupfen, dazu sprechen:

„Da kommt die Maus, da kommt die Maus, klingelingeling ist die (der) . . . im Haus."

Nach Beendigung des Spiels Kind fest an sich drücken: „Ei, war das fein."

Anhang

Bundesvereinigung
Lebenshilfe
für geistig Behinderte e. V.

Bundesgeschäftsstelle 355 Marburg/Lahn

Empfehlungen zur Früherziehung geistig behinderter Kinder

Der Pädagogische Ausschuß der Bundesvereinigung hat in seiner Sitzung vom 20./21.6.1969 unter Leitung von Professor Dr. Heinz Bach, Mainz, und besonderer Mitarbeit von Frau Ingeborg Thomae, Bonn, folgende Empfehlungen beschlossen:

A. Grundsätzliches

1. Die moderne Forschung und die praktische Erfahrung haben gezeigt, daß die Erkenntnis von der prägenden Bedeutung frühkindlicher Erfahrungen in gleicher Weise für das geistig behinderte Kind als Säugling und Kleinkind gilt. Um ihm zu einer bestmöglichen Entfaltung und Aktivierung seiner Fähigkeiten zu verhelfen, muß die Erziehung auch hier so früh wie möglich einsetzen. Der in der Vergangenheit oft gegebene Rat des „Abwartens" ist falsch.
2. Es genügt nicht, geistig behinderte Kinder in der ersten Lebenszeit lediglich zu „erfassen". Schon bei der Vermutung, daß ein Kind

behindert ist, müssen zugleich Möglichkeiten der Beratung und Hilfe aufgezeigt werden.

3. Früherziehung geistig behinderter Kinder und Elternberatung sind nicht zu trennen.
4. Die Erziehung des geistig behinderten Kleinkindes wird in entscheidender Weise durch die Familie eingeleitet. Die Eltern – insbesondere die Mütter – benötigen intensive beratende Hilfe, um in ihre Aufgabe hineinzuwachsen. Diese Hilfe muß einerseits praktische Kenntnisse vermitteln, die das gezielte geistige und körperliche Trainieren des Kindes ermöglichen, sie muß andererseits aber der inneren Einstellung der Eltern besondere Aufmerksamkeit widmen.
5. Zu diesem Zeitpunkt werden bei Eltern und behindertem Kind die Weichen für alle späteren Formen der Bewältigung der Aufgabe gestellt. – Hier wird die Aktivität von Vater, Mutter und Geschwistern vorbereitet und in die rechten Bahnen gelenkt. – Hier kann verhindert werden, daß die Familien in Resignation, Isolierung, Verzweiflung oder Verhärtung verfallen.
6. Eine der wichtigsten Aufgaben frühkindlicher Förderung ist es, in der häuslichen Umwelt ein Erziehungsklima zu schaffen, das nicht durch bloßes Erleiden, sondern durch aktive Erziehungsbemühungen um das Kind gekennzeichnet ist.

   Je früher es gelingt, die Familie zu einer möglichst sachlichen Einstellung zu ihrer Situation zu führen, je gründlicher sie davon überzeugt wird, daß ihre Geduld, ihre Beharrlichkeit und ihre Zuversicht die Grundlage für alle weiteren Entwicklungsfortschritte des behinderten Kindes darstellen, desto besser kann dem Kind geholfen werden.
7. Wo Heime, Kliniken u. ä. Einrichtungen stellvertretend die Erziehungsaufgabe übernehmen müssen, haben diese Grundsätze besondere Bedeutung.

B. Personenkreis

1. Einige Formen geistiger Behinderung können unmittelbar bei der Geburt (Down-Syndrom, d. h. sog. Mongolismus) bzw. in den ersten Lebensmonaten festgestellt werden.
2. Bei sogenannten „Risiko-Kindern", die auf Grund verschiedener Ursachen (Geburtsschädigung, Blutgruppenunverträglichkeit etc.) gefährdet erscheinen, ist besondere Aufmerksamkeit geboten.
3. Extreme Abweichungen von der allgemeinen frühkindlichen Entwicklung bedürfen sorgfältiger Beachtung:

   Ist der Säugling besonders unruhig, schreit er viel und scheinbar ohne

Grund, zeigt er irgendwelche (wiederholte) seltsamen Bewegungen, Reaktionen oder Verhaltensweisen? Ist das Kind beunruhigend ruhig, schreit es kaum, zeigt es keine Anteilnahme an seiner Umgebung, verzögern sich Greifen, Aufrichten, Sitzen, Lallen und Laufen außergewöhnlich lange? Ist das Kind besonders schreckhaft, reagiert es kaum oder gar nicht auf Anlächeln, Ansprachen und Spielangebote?

4. Zur Abklärung der körperlichen Voraussetzungen für die Erziehungsarbeit ist die ärztliche Untersuchung unerläßlich. Dabei kommt der Prüfung von Auge und Ohr besondere Bedeutung zu. Häufig liegt neben der geistigen Behinderung zusätzlich eine mehr oder minder umfängliche Hör- oder Sehbehinderung vor. Mitunter wird durch Sinnesausfälle lediglich der Anschein geistiger Behinderung erweckt.
   Ferner finden sich nicht selten Krankheiten und Körperbehinderungen. Wegen der besonderen Situation des geistig behinderten Kleinkindes werden die erforderlichen medizinischen Abklärungen meist erst nach mehrmaligen Besuchen und mitunter nur in der Umwelt des Behinderten erfolgen und oft erst nach längerer Beobachtung erhärtet werden können. Eine regelmäßige ärztliche Betreuung des Kindes sollte die Erziehungsarbeit begleiten.

C. Erziehungsaufgaben

Säuglinge und Kleinkinder sind stets auf menschlichen Kontakt, auf Ansprache, Zuwendung und liebevolle Annahme angewiesen. Behinderte Kinder brauchen diese gleichen Umweltreize und -bedingungen. Die in dieser Lebensphase stattfindenden umfänglichen Lernprozesse können beim behinderten Kind mit seinen schwächeren Fähigkeiten nur in der bergenden Wärme einer harmonischen Eltern-Kind-Beziehung in Gang kommen.

Im einzelnen stellen sich folgende Aufgaben:

1. Gewöhnung an Kontakt und Kontaktbedürfnis durch körperliche Nähe, immer wiederholtes Streicheln, Anblicken und Ansprechen sowie durch Einbeziehung der Welt der Dinge.
2. Erziehung zum Sehen und zum Aufmerken durch Lichtreize und Bewegungen, durch Gegenstände mit einfachen Formen und klaren Farben (Ball, Greiflinge usw.), wobei eine Beschränkung auf wenige Gegenstände, die häufig wiederkehren, zweckmäßig ist, während später andere und auch kleinere Gegenstände sowie einfache Bilder hinzukommen können.

3. Erziehung zum Hören und zum Aufmerken durch Klänge und Geräusche (Stimmen, Glocke, Tamburin usw.) – später aus verschiedenen Richtungen, in verschiedenen Tonhöhen und -folgen. Anregung zum Erzeugen von Geräuschen (Händeklatschen, Rassel usw.).
4. Übung der Mundbewegung durch Saugen, Lutschen, Kauen (bei später zunehmend festerer Nahrung) sowie Blasspiele.
5. Schulung des Tastsinns durch Berühren verschiedenartiger Gegenstände mit der zunächst geführten Hand.
6. Übung der Handbeweglichkeit durch Greifanregungen, Handgeben, Händeklatschen, Winken, Klopfen, Ballrollen, Bauklötzerspiel, Planschen, Wegwerfen, einfachste Fingerspiele usw.
7. Erziehung zu Körperbeweglichkeit durch Überleitung von Eigenbewegungen in einen angegebenen Rhythmus nach Tamburin, Gesang usw.; Kriechen, Rollen, Aufrichten, Aufstehen, Gehen an der Hand. Besondere Bedeutung kommt der Aktivierung durch rhythmisch gymnastische Übungen mit dem Kind zu.
8. Anbahnung der Ansprechbarkeit durch beim Namen Nennen, durch Koseworte, durch Benennen von Personen und Dingen und unermüdliche sprachliche Begleitung aller Tätigkeiten.
9. Einübung einfachster Bewegungsabläufe.
10. Anregung zum Mitvollzug von Rhythmen, zum Mitsummen von Tönen und Melodien.
11. Erziehung zu allmählicher Benutzung bestimmter Wörter für Wünsche und Gegenstände durch unermüdliches Vorsprechen und angemessene Reaktionen.
12. Erziehung zur Sauberkeit durch regelmäßiges Trockenlegen und Töpfen.
13. Allmähliche Gewöhnung an das Essen mit Löffel und an das Trinken aus dem Becher.
14. Gewöhnung an einen bestimmten Tagesrhythmus.
15. Gewöhnung, nachts im eigenen Bett zu bleiben.
16. Weckung und Vertiefung emotionaler Regungen wie Freude, Vertrautheit, Wohlbefinden usw. durch Vermittlung von Erlebnissen, durch Gefühlsäußerungen, Mitvollzug und Bestätigung.
17. Vermeiden von Verängstigung und Verwöhnung. Nicht jede Eigenheit des Kindes ist Ausdruck seiner Behinderung. Eßschwierigkeiten, häufiges Schreien, übermäßige Unruhe, Schlaflosigkeit usw. können zum Beispiel sowohl Zeichen einer Erkrankung als auch Merkmale von Fehlerzogenheit aufgrund falscher Umwelthaltung sein.
18. Die Sorge um eine möglichst weitgehende Förderung darf niemals das Bedürfnis auch des behinderten Kindes nach freiem Spiel und undirigierter Betätigung außer acht lassen.

19. Geistig behinderte Kleinkinder, welche die Aufnahmebedingungen erfüllen, sollen baldmöglich dem Sonderkindergarten zugeführt werden.*

D. Erziehungsmethoden

1. Das geistig behinderte Kleinkind bedarf in besonderem Maße der Anregung und Ermunterung.
2. Es sollte zunächst wie jedes andere gleichaltrige Kind angesprochen werden. Eltern und Geschwister spielen mit ihm die gleichen Kleinkinderspiele, sagen Verse und Reime vor, schaukeln es auf dem Schoß, machen „Hoppe Reiter" und „Backe, backe Kuchen", singen ihm viel vor, sprechen es an, lassen es tollen und strampeln, kugeln es herum und heben es hoch in die Luft. Sie verbannen es nicht ins Schlafzimmer in ein verhängtes Körbchen oder Bettchen, aus dem es nur auf die weiße Zimmerdecke starren kann, sondern sie nehmen es in einem Laufgitter mit in das Wohnzimmer oder in die Wohnküche.
3. Später sollte es sich immer häufiger in Wohnung und Garten frei bewegen können und nicht stets ängstlich vor jeder Berührung mit Schmutz geschützt werden. Es wird ausgefahren und mit anderen Kindern zusammengebracht, aber es wird vor zu grellen und verwirrenden Eindrücken geschützt: der Platz vorm Fernsehapparat oder neben dem lautspielenden Radio ist ungeeignet.
4. Wichtig sind Begegnung und Spiel mit den in jedem Haushalt vorhandenen Gegenständen (Schüssel, Kochlöffel, Wäscheklammern, Knöpfe, Papier usw.). Als Material werden ferner Ball, Gummiring, Greifling, abwaschbare Stofftiere, Rassel, Schellenkranz, Klangspiel, Bauklötze, Puppe, Taschen, Körbe, Bilderbuch, Spielteppich und einfache Gerätschaften des täglichen Lebens benötigt.
5. Da behinderte Kleinkinder auf Anregungen und Umweltreize im allgemeinen nur bruchstückhaft, abweichend oder verzögert reagieren, sind gezielte, intensive und anhaltende Bemühungen unerläßlich.
6. Sie sind stets auf das einzelne Kind abzustimmen.
7. Erfolge sind insbesondere dort zu erwarten, wo Kind und Erzieher mit Lust und Freude bei der Sache sind.
8. Alle Aufforderungen und Lernanreize müssen deutlich, einfach, ruhig und eindringlich sein.

---

* Vgl. die Empfehlungen zur Organisation und Erziehungsarbeit von Sonderkindergärten für Geistigbehinderte des Pädagogischen Ausschusses der Bundesvereinigung vom 22.6.1968.

9. Unermüdliches Vormachen, Mit- und Nachmachenlassen sind wichtiges Erziehungsprinzip.
10. Das Ausbleiben erhoffter Reaktionen nach 100 Versuchen besagt noch nichts über die möglichen Erfolge von weiteren 100 Versuchen.
11. Jeder Fortschritt bedarf der unmittelbaren Belohnung, des Lobes oder sonstiger Bestätigung, um Erfolgserlebnisse zu schaffen, die zu weiterer Entwicklung anregen.
12. Alle erworbenen Fähigkeiten müssen unermüdlich geübt und wiederholt werden. Neues ist in kleinsten Schritten einzugliedern.
13. Die Dauer der gezielten Beschäftigung mit dem Kind muß auf die individuelle Belastungs- und Aufnahmefähigkeit abgestimmt sein. Anfangs wird sie nur Augenblicke, später u. U. 10 oder 15 Minuten betragen. Jedenfalls ist es sinnvoller, täglich dreimal 5, 10 oder 15 Minuten zu üben als einmal 60 Minuten.
14. Auch in der Zeit, in der sich niemand aus der Familie besonders mit dem Kind beschäftigt, sollte es ein Spielzeug (an das Bettchen gebundene Rasseln oder Glöckchen, ein Spieltier oder einen Ball) bei sich haben, um spontane Spielversuche zu unterstützen.

E. Aufgabe der Elternberatung

1. Je früher die Eltern in ihrer schweren Situation Beistand erhalten, desto eher werden sie aus der anfänglichen Verzweiflung herausfinden und sich ihrer neuen Aufgabe stellen. Allerdings gibt es auch Fälle, bei denen aus Rücksicht z. B. auf den Gesundheitszustand der Mutter zunächst nur mit dem Vater gesprochen werden kann.
2. Entscheidend ist zunächst die Aussprache über das Schicksal, das die Eltern getroffen hat; Anklagen und Selbstvorwürfe, Fragen nach Schuld und Ursache, Vermutungen über die Auswirkungen auf Familie, Beruf, Umwelt und Zukunft sollen offen geäußert und „von der Seele geredet" werden können.
3. Informationen fachlicher Art müssen folgen; sie erstrecken sich auf medizinische, pädagogische, soziale, rechtliche und finanzielle Fragen. Gegebenenfalls sind die Eltern auf die entsprechenden Fachleute, Beratungsstellen, Behörden und Literatur hinzuweisen.
4. Praktische Anleitungen zur Pflege, Beschäftigung und Förderung des behinderten Kindes müssen nach den im Einzelfall vorliegenden Bedingungen ausführlich erteilt werden.
5. Durch behutsame Gespräche sollte versucht werden, die neue Situation in Ehe und Familie zu erleichtern. So wäre z. B. einer übermäßigen Opferhaltung der Mutter, die „nur noch für das behinderte Kind leben

will", einer Vernachlässigung der gesunden Geschwister oder der Flucht in Betriebsamkeit beim Vater entgegenzuwirken.

6. Die Beziehungen zu Umwelt, Nachbarschaft, Verwandtschaft, Kollegen-, Freundeskreis usw. müssen geklärt und von Fehlerwartungen gelöst werden, um die Familie nicht in die Isolierung gleiten zu lassen.
7. Die allmähliche Hinführung der Eltern zu einer realistischen Einstellung in bezug auf vermutliche Möglichkeiten und Grenzen des Kindes muß schon jetzt beginnen. Dazu gehört, daß die Eltern lernen, sich über alles Vorhandene zu freuen und die kleinen und kleinsten Fortschritte zu erkennen und zu bewerten und ihre Erwartungen an den Möglichkeiten des Kindes und nicht an verständlichen Wunschträumen zu orientieren.

F. Formen der Elternberatung

Um eine frühzeitige Elternberatung zu ermöglichen, ist eine gründliche Informierung von Entbindungskliniken, Hebammen, Mütterberatungsstellen und Kinderfachärzten erforderlich, damit sie die Eltern gerade im Augenblick der größten Verzweiflung tröstend und stützend beraten können. Auch Presseartikel und Hinweise durch Familien mit älteren geistig behinderten Kindern können dazu beitragen, daß rechtzeitig Beratung gesucht oder vermittelt wird.

1. *Erstgespräche* mit den Eltern sollten nur durch eine erfahrene, mit der Problematik besonders vertraute Persönlichkeit geführt werden. Das Erstgespräch soll insbesondere über vorhandene Möglichkeiten der Hilfe informieren, erste praktische Ratschläge geben, Kontakt zu anderen Stellen vermitteln (Lebenshilfe, Gesundheitsamt, Familienfürsorge, Spezialkliniken etc.). Vor allem aber gilt es, Mut zu machen, zu trösten, Hilfe anzubieten und den Eltern zu zeigen, daß sie nicht allein gelassen werden.
2. *Regelmäßige Besuche* in der Familie haben die Aufgabe, an Ort und Stelle praktikable Hinweise zu geben, wie die Mutter bzw. andere Familienangehörige sich mit dem Kind beschäftigen, für es sorgen und mit ihm spielen können. Dabei ist auch an spezielle Hilfen zu denken wie Heilgymnastik, fachärztliche Untersuchung und Behandlung, Ernährungsratschläge, Erholungsmaßnahmen, Erziehungsberatung für Geschwister usw.
3. *Zusammenkünfte von Müttern* sollten dazu dienen, allgemein interessierende Fragen zu besprechen, Spiele und Übungen zu zeigen, praktische Hinweise und Informationen über Organisation und Formen der Erziehung geistig Behinderter zu geben.

4. *Zusammenführung einzelner Familien* kann in besonders gelagerten Fällen die Scheu vor der „Öffentlichkeit" abbauen. Hierbei erweist es sich mitunter als förderlich, daß Familien mit einem etwas älteren Kind mit denen von Säuglingen oder Kleinkindern zusammenkommen.
5. *Gemeinsame Spielnachmittage von Müttern mit* ihren Kindern (evtl. auch noch Geschwistern, Großmüttern usw.) sollten in regelmäßigem Abstand angeboten werden.
   Durch praktisches Tun kann dabei aufgezeigt werden, in welcher Form sich Mutter und Kind gemeinsam beschäftigen können und wie das freudige, lustbetonte Spiel zugleich Üben und Lernen sein kann.
6. Bei *Besichtigungen von Einrichtungen* für ältere Kinder und erwachsene geistig Behinderte ist stets zu bedenken, daß Eltern noch kleiner geistig Behinderter durch die Begegnung mit einer größeren Zahl Behinderter u. U. seelisch überfordert sind. Hier ist ein schrittweises Vorgehen mit einzelnen Kindern und deren Eltern anzuraten. Übrigens ist auch im brieflichen Verkehr mit den Eltern anzuraten, zunächst neutrale Umschläge zu benutzen, um den Eltern Zeit zu lassen, sich zu ihrer Aufgabe zu bekennen.
7. Die besonderen *Veranstaltungen* des Vereins Lebenshilfe für geistig Behinderte (Elternabende, gemeinsame Ausflüge, Feste usw.) stellen eine wesentliche Hilfe dar."

Spezieller Teil

Grundregeln für die Früherziehung

Heinz Bach

1. Vor Beginn der Erziehungsarbeit ist eine ärztliche Untersuchung zur Abklärung der körperlichen Voraussetzungen für die Erziehungsarbeit erforderlich.
2. Alle Maßnahmen zur Entwicklung und Verbesserung der Wahrnehmungsfähigkeit und der Motorik sind so durchzuführen, daß sie zugleich der emotionalen und sozialen Förderung des Kindes dienen.
3. Eine farbenfrohe Umgebung und eine freundliche Atmosphäre sind wichtige Voraussetzungen für die Entwicklung. Die liebevolle Zuwendung der Mutter zu ihrem Kind fördert sein Sozialverhalten und wirkt sich positiv auf die gesamte Frühförderung aus.
4. Keine Maßnahme darf als mechanisches Tun und stummes Hantieren durchgeführt werden. Die Mutter sollte viel zum Kinde sprechen, es anlächeln, ihm vorsingen.
5. Bei jeder Beschäftigung mit dem Kind sollte die Mutter möglichst voll und ganz mit Ihren Gedanken „bei der Sache sein".
   Beispiel: Wenn das Kind in der Wohnung herumgetragen wird, sollte man „dabei nicht fernsehen, zum Fenster hinausgucken, mit anderen plaudern, lesen oder nachdenklich vorbeischauen" (*Weiß,* 1970. S. 155).
6. Anfangs sollte für mehrere Tage nur eine Übung vorgenommen werden.
7. Jede Förderungsmaßnahme muß dem Entwicklungsstand des Kindes entsprechen, Überforderungen müssen vermieden, nichts darf erzwungen werden.
8. Die einzelnen ausgewählten Übungen sollten nur wenige Minuten dauern, jedoch mehrmals täglich mehrere Wochen durchgeführt werden.
9. Die Übungen sollten sich zeitlich dem Tagesrhythmus des Kindes anpassen und regelmäßig erfolgen. Günstig ist die Zeit nach dem Schlafen; viele Übungen können beim Wickeln, An- und Ausziehen und während des täglichen Bades durchgeführt werden.
10. Beim Training sollte möglichst alles vermieden werden, was Schreck und Angst, Unlust und Widerstand des Kindes hervorruft.
11. Alle Reizangebote müssen dem Kind angenehm sein (z. B. keine laute, schrille Musik, kein grelles Licht!).
12. Die Reizangebote dürfen nicht zur Reizüberflutung werden. (Keine längere Radiomusik, kein Fernsehen!)

13. Beim Training sollten nicht zur Übung gehörende Reize der Außenwelt (Geräusche von draußen, Störungen) möglichst eingeschränkt oder ausgeschaltet werden, um Ablenkungen zu vermeiden.
14. Als Anreize für motorische Übungen sollten möglichst Gegenstände benutzt werden, die das Kind liebt und begehrt.
15. Es sollte in der Regel anfangs immer nur mit einem Gegenstand geübt werden, und zwar mehrere Tage lang.
16. Alle Gegenstände und Spielsachen (Übungsmaterial) müssen sorgfältig nach Farbe, Größe, Form und Sicherheit (Haltbarkeit, Sauberkeit; Gefahr des Sich-Verletzens und Verschluckens!) ausgewählt werden.
17. Bei anhaltenden Unlustäußerungen des Kindes sollte die Übung gewechselt werden.
18. Die Mutter darf nicht resignieren, wenn anfangs Reaktionen ausbleiben und auch nach 100 Versuchen noch kein Erfolg zu sehen ist. Sie muß weiterhin ruhig und stetig die Übungen wiederholen.
19. Viele Übungen werden anfänglich aktiv von der Mutter und passiv vom Kind durchgeführt werden müssen (Handführen, passives Bewegen von Armen und Beinen usw.). Erst allmählich wird dann die Hilfestellung, das Nachhelfen, abgebaut werden können.
20. Auch der kleinste Erfolg muß beantwortet werden. Das Kind muß durch Belohnung stets in seinem (erwünschten) Tun bestärkt werden, z. B. durch Umarmung und Ansich-Drücken, Streicheln, Lob, Schaffung von Erfolgserlebnissen, Ausdruck der Freude.
21. Bereits Erlerntes muß ständig wiederholt werden.
22. Die Übungen sollten nach einer gewissen Zeit variiert und in ihrem Schwierigkeitsgrad gesteigert werden.
23. Jede Hast und Ungeduld sollte vermieden werden.
24. Das Training sollte anfänglich möglichst nur von einer festen Bezugsperson (der Mutter) durchgeführt werden. In der zweiten Hälfte des ersten Lebensjahres (oder im entsprechenden Entwicklungsstand) kann versucht werden, eine weitere Person zur Mitwirkung heranzuziehen.
25. In jedem Falle müssen für das Kind auch ausreichende Zeiten des Alleinseins und zu möglicher Selbstbeschäftigung gewährleistet sein.

Technische Hinweise

Die folgenden Anregungen sind nach den einzelnen Funktionen gegliedert, die gefördert werden sollen. Da jedoch häufig mehr als ein Funktionsbereich angesprochen und beansprucht wird (z. B. Tasten und Sehen) erscheinen einige Übungsvorschläge — in gleicher oder etwas abgewandelter Form — in verschiedenen Bereichen.

Die einzelnen Anregungen bauen sich je nach dem regelhaften Verlauf der frühkindlichen Entwicklung auf. Begonnen wird mit demjenigen Reizangebot, auf das der gesunde Säugling in einem bestimmten Funktionsbereich zuerst reagiert; den Abschluß bilden diejenigen Anregungen, die Verhaltensweisen hervorrufen sollen, welche das Kleinkind normalerweise im Alter von etwa einem Jahr zeigt.

Die Übungsvorschläge sind gemäß den jeweiligen Gegebenheiten zu variieren und zu ergänzen. Sicher werden der Mutter bzw. derjenigen Bezugsperson, die mit dem Kinde übt, noch weitere geeignete Übungsaufgaben und Anregungen einfallen, die sie mit einfügen kann.

Was das Kind bereits kann und gern und häufig tut, braucht natürlich nicht mehr geübt zu werden; so werden manche Übungen vielleicht schon selbstverständliche, längst ausgeübte Bestandteile des Tagesablaufes sein und beim An- und Auskleiden, beim Baden oder Füttern ausgeführt.

Wird eine Übung bzw. ein Reizangebot erstmalig gegeben, ist ein Datumsvermerk in der ersten Spalte angezeigt; erfolgt eine angemessene Reaktion des Kindes mehrmals nacheinander, ist das entsprechende Datum in der zweiten Spalte zu vermerken. Die breite Spalte ist für die Eintragung besonderer Auffälligkeiten vorgesehen.

1. Anregungen zur Früherziehung im Wahrnehmungsbereich

Hannelore Sachers

1. Fühlen und Tasten

	Datum	Datum	Besondere Beobachtungen
1. Das Kind streicheln und an sich drücken			
2. Es beim Wickeln kurz und sanft an Bauch, Schultern, Armen, Beinen und Füßen streicheln und massieren			
3. Den Körper bzw. einzelne Körperteile frottieren und reiben			
4. Den Körper (Körperteile) leicht beklopfen und zwicken			
5. Weiche Stofftiere (Steiff u. a.) im Bett neben das Kind legen und mit seiner Hand darüberstreichen			
6. Solange das Kind noch nicht sitzen kann, Dinge frei über das Bett hängen, so daß es mit den Fingern zufällig daran stoßen kann (z. B. Rassel, Rasselring, Stoffball u. ä.)			
7. Eine Schnur mit bunten Holz- oder Plastikkugeln (auch anderen Formen) quer über den Wagen hängen			
8. Mit verschiedenen Materialien (weichem Seidenstoff, Samt, Wolle, Feder, Bürste u. a.) über den Körper bzw. Körperteile streichen			
9. Seidenes Tüchlein kurz über das Gesicht legen			

	Datum	Datum	Besondere Beobachtungen
10. Thermische Sensibilisierung: Warmen Waschlappen oder kleine Wärmflasche auf den Körper (Körperteile) legen; das gleiche kurz mit kaltem Waschlappen oder Eisbeutel			
11. Beim Herumtragen das Kind mit Nase oder Mund, Kopf, Füßen oder Händen (jeweils nur auf einen Körperteil konzentrieren!) an viele Dinge anstoßen und evtl. daran reiben: Vorhänge, Wände, kaltes Glas, Kissen, warmen Ofen (nicht heiß!) usw.			
12. Hände am Geländer, an Wänden usw. entlangstreifen lassen			
13. Bänder aus Seide, Samt, Wolle, Rips, Cordsamt, Frottee und anderem unterschiedlichem Material an einem Ring oder Stab erreichbar über das Bett hängen			
14. Großen Plastikring und Greiflinge aus glattem Holz in die Hand geben			
15. Weichen kleinen Plastik-, Frottee-, Plüschball in die Hand geben			
16. Weiche Windel in die Hände geben zum Bewegen und Knüllen (Aufsicht!)			
17. Teddybär ins Bettchen geben und Augen, Nase, Ohren, Gliedmaßen abtasten lassen			

Fortsetzung nächste Seite

	Datum	Datum	Besondere Beobachtungen
18. Dinge aus verschiedenem Material berühren und darüber streichen lassen: glatte Plastikgegenstände, rauhes Handtuch, Feder, Schwamm (trocken und naß), Klebestreifen, Wachstuch, Sandpapier, Wolle usw.			
19. Beim Baden in warmem Wasser mit Händen und Füßen planschen lassen			
20. Körper (einzelne Körperteile) mit Wasser begießen			
21. Körper (einzelne Körperteile) duschen			
22. Auf die Hand (Handfläche) und andere Körperteile pusten – evtl. auch mit dem Föhn			
23. Das Kind an verschiedenen Körperteilen kitzeln			
24. Geeignete Gegenstände (Beißring, Rassel usw.) geben, die das Kind in den Mund stecken kann			
25. Hände (Füße) unter fließendes Wasser (kalt, warm) halten			
26. Hände (Füße) einseifen und waschen			
27. Hände (Füße) im Wasser bürsten			
28. Gesicht von Mutter (Vater) mit dem Mund fühlen lassen			
29. Gesicht von Mutter (Vater) mit den Händen fühlen lassen			
30. Gesicht von Mutter (Vater) mit den Füßen fühlen lassen			
31. Fläschchen für kurze Zeit in beide Hände geben			
32. Später draußen Sand, Ziegelsteine, Kies, Gras, welke Blätter, Zäune usw. anfassen lassen			

	Datum	Datum	Besondere Beobachtungen
33. Sand in das Händchen, auf die Füße, Arme, Beine usw. rieseln lassen			
34. Die Füße des Kindes mit Sand bedecken			
35. Wenn das Kind kriechen bzw. krabbeln kann, es auf verschiedenen Fußböden (Holz, Linoleum, Teppichen, Fliesen, Rasen) herumkriechen lassen			
36. Leere Schachteln, Seifendosen, Papier, Seidenpapier, Cellophan, Alufolie, Lederlappen usw. zum Untersuchen und Betasten geben (Aufsicht!)			
37. Mit Körnern gefüllte Stofftiere zum Betasten geben			
38. Mit Küchengeräten (Töpfen, Deckeln, Sieben usw.) hantieren lassen			
39. Mit Wasser bespritzen (vorsichtig, ohne Angst zu erzeugen)			
40. Die Mutter (Vater) und anschließend das Spiegelbild betasten lassen			
41. Sich selbst und anschließend das Spiegelbild betasten lassen			
42. Quietschpuppe geben und drücken lassen (zeigen, vormachen, Hand führen!)			
43. Weiche Knetmasse (z. B. „Play Doh" von Rainbow Crafts: farbig und nicht giftig) in die Hand geben. Kneten einüben (Aufsicht!)			

2. Sehen

	Datum	Datum	Besondere Beobachtungen
1. Körbchen oder Gitterbett so stellen, daß (nicht zu helles) Licht möglichst gleichmäßig auf beide Augen trifft			
2. Verschiedene helle Gegenstände (abwechselnd immer nur ein Gegenstand für jeweils mehrere Tage) an der Seite des Bettchens in ca. 30 cm Entfernung befestigen, dem Gesicht zugewandt: z. B. Stoff, farbigen Karton mit aufgeklebtem Dreieck oder Kreis o. ä., Luftballons usw.			
3. Brennende Taschenlampe in leicht abgedunkeltem Raum, evtl. mit rotem Seidenpapier verkleidet, in 1 m, später $1/2$ m Entfernung ins Gesichtsfeld des Kindes bringen			
4. Ein Mobile über das Bett hängen oder farbige Papierstreifen, die der Lufthauch bewegt			
5. Licht einige Male an- und ausknipsen			
6. Das Kind auf gemustertes Laken (gemusterte Bettwäsche) legen			
7. Das Kind öfter auf den Bauch bei freiem Blickfeld legen (am besten Kinderwagen mit Fenstern!)			
8. Ein Bündel roter oder orangefarbener Wollfäden langsam ca. 30 cm vor den Augen des Kindes bewegen – immer im Blickfeld lassen!			

	Datum	Datum	Besondere Beobachtungen
9. Brennende Taschenlampe (s. Nr. 3!) in einem Winkel von 180° langsam vor dem Kinde hin- und zurückschwenken – Entfernung von 30 bis 90 cm ausprobieren!			
10. Spielzeug aus dem Blickfeld verschwinden und wieder auftauchen lassen			
11. Auffallenden Gegenstand nach rückwärts bewegen, so daß das Kind den Kopf auch nach rückwärts bewegen muß, um den Gegenstand mit den Augen zu verfolgen			
12. Gegenstand bis zu 2 m entfernen und das Kind mit den Augen verfolgen lassen			
13. Später bei den Familienmahlzeiten das Körbchen oder den Wagen in die Nähe des Eßtisches stellen			
14. Körbchen oder Wagen während der Hausarbeit in die Küche stellen, und zwar so, daß das Kind die Mutter sehen kann			
15. Für kurze Zeit das Kind ins Laufställchen oder auf Decken auf den Fußboden legen			
16. Das Kind öfter im Zimmer herumtragen, damit es umherblikken kann			
17. Dem Kind seine Hände zeigen und mit ihnen Bewegungen ausführen (zusammen- und auseinanderführen)			
18. Dem Kind ein buntes Jäckchen anziehen			
19. Beim Spazierenfahren unter Bäumen hindurchfahren			

	Datum	Datum	Besondere Beobachtungen
20. Öfter in Bauchlage über den Wagenrand schauen lassen beim Spazierenfahren – oder Kinderwagen mit Fenstern aus durchsichtigem Plastik (s. Nr. 7!) benutzen			
21. Einen Luftballon mit einem Band ans Handgelenk binden, so daß das Kind ihn beobachten kann			
22. Dinge in die Hand geben (Rassel usw.), damit es sie bewegen und betrachten kann			
23. Spielzeug erreichbar über das Bett hängen			
24. Ab etwa 4. Mon. öfter kurze Zeit in halbsitzender Stellung hochstützen (z. B. auf der Couch), damit das Kind einen anderen Blickwinkel bekommt			
25. Spielzeug (Rassel, kleines Plastikspielzeug) in die Nähe der Hand legen, wenn das Kind darauf blickt			
26. Glöckchen oder Rassel übers Bett hängen und erreichbares Band daran binden			
27. Rassel vor den Augen hin- und herbewegen, wenn das Kind auf dem Bauch liegt. Spielzeug langsam nach oben bewegen und entfernen. (Auch Anregung zum Heben von Kopf und Schultern!)			
28. Füßchen in Rückenlage etwas anheben, damit das Kind sie sehen (und danch greifen) kann			
29. Einen großen Hampelmann hampeln lassen			

	Datum	Datum	Besondere Beobachtungen
30. Einen Brummkreisel tanzen lassen			
31. Einen auffallenden Gegenstand an einer längeren Schnur hin- und herpendeln lassen			
32. Mit dem Kind auf dem Fußboden sitzend einen großen Ball hin- und herrollen			
33. Auf die Tischplatte vor das Kind kleine glänzende oder farbig leuchtende Knöpfe legen und bewegen			
34. Kleine Kugeln (Klicker) auf der „Klickerbahn" herunterrollen lassen (vier schiefe Ebenen im Zick-Zack)			
35. Einen Tischtennisball auf der Tischplatte hüpfen lassen			
36. Einäugige Übungen (abwechselnd ein Auge verbinden): Verfolgen eines hin und her, nach oben und nach unten und im Kreis bewegten Gegenstandes			
37. Das Kind am täglichen Familienleben teilnehmen lassen (Küche, Wohnzimmer usw.), zuschauen lassen			
38. Ein Wandlämpchen, das mit einer herabhängenden Schnur angeknipst wird, vom Kind ein- und ausschalten lassen. (Hand führen und dazu sprechen: Licht an! Licht aus!)			
39. Dem Kind sein Spiegelbild zeigen			
40. Das Gesicht langsam dem Spiegel nähern, mit der Nase oder Stirn anstoßen und wieder entfernen			

	Datum	Datum	Besondere Beobachtungen
41. Dem Kind die eigenen Augen, Nase, Mund, Haare usw. im Spiegel zeigen			
42. Auf das Spiegelbild der Mutter (des Vaters) aufmerksam machen: abwechselnd das reale Objekt und das Spiegelbild betrachten lassen			
43. Später naturalistische Bilder oder größere Fotos von bekannten Gegenständen (Personen) zeigen. Gegenüberstellung von Bild und Gegenstand (Person)			
44. Das Leben und Treiben draußen (Autos etc.) beobachten lassen – vom Fenster, Balkon, Garten, auf der Straße selbst			

Hören

	Datum	Datum	Besondere Beobachtungen
1. Beim Wickeln und vor dem Einschlafen kleine Lieder singen			
2. Zu dem Kind beim Füttern usw. sprechen			
3. Geräusch mit einer Klapper (Rassel) erzeugen			
4. Eine einfache Melodie (z. B. auf der Spieluhr) erklingen lassen			
5. Kurze Zeit Radio, Schallplatte oder Tonband spielen lassen			
6. Ein Glöckchen läuten			
7. An jedes Fußgelenk ein Glöckchen hängen			
8. Eine leichte Rassel in die Hand legen			

	Datum	Datum	Besondere Beobachtungen
9. Kurz das Ticken einer Uhr hören lassen			
10. Dem Kind etwas vorpfeifen oder -flöten (vogelähnlich)			
11. Von verschiedenen Ecken im Zimmer unsichtbar ein Glöckchen läuten			
12. Jedes Kommen durch Rufen (weit und nah) ankündigen: Namen des Kindes rufen oder „Mama (Pappa) kommt!"			
13. Neben dem Kind Papier zerknüllen			
14. Eine „Windglocke" (kleine Rechtecke aus Glas oder Metall, an Fäden aufgehängt) in der Nähe des Bettchens aufhängen			
15. Glöckchen oder Schellen (Glocken- und Schellenkranz von Orff) in Reichweite an das Bett hängen			
16. Hinter dem Kind (direkt, rechts, links) eine Rassel schütteln			
16a. Einen Gong einmal anschlagen und nachhallen lassen			
17. Mit dem Kind auf dem Arm auf und ab gehen und im Rhythmus der Schritte singen oder Kinderreim sprechen			
18. Das Kind eine Rassel schütteln lassen (zuerst in die Hand geben und den Arm/die Hand bewegen, später nur zum Greifen hinhalten			
19. Mit Seidenpapier, Alu-Folie rascheln lassen (zuerst in die Hand legen und die Hand immer wieder kurz zudrücken)			

	Datum	Datum	Besondere Beobachtungen
20. Quietschtier aus Gummi geben und die Hand auf- und zudrükken. (Dazu sprechen: „Horch!" Das Quieken auch ab und zu mit dem Mund nachahmen.)			
21. Dem Kind einen Stab, an dem ein Glöckchen befestigt ist, in die Hand geben			
22. Einen Glockenwürfel in die Hand geben			
23. Mit einem Glöckchen spielen lassen			
24. Dem Kind eine Schnur mit mehreren Glöckchen geben			
25. Abwechselnd rechts und links hinter dem sitzenden Kind ein Glöckchen läuten. (Dazu sprechen: „Horch! Wo ist das Glöckchen? Klingelingeling!" o. ä.)			
26. Einen Brummkreisel tanzen und brummen lassen			
27. Verschiedene Geräusche erzeugen: Wasserhahn aufdrehen, Türglocke läuten, Löffel gegen ein Glas schlagen u. ä. – dem Kind nicht sichtbar! (Darauf aufmerksam machen!)			
28. Auf der Tischplatte oder auf dem harten Fußboden vor dem Kind einen Tischtennisball hüpfen lassen			
29. Einen aufblasbaren Plastikball mit einer Glocke darin hin- und herrollen			
30. Mit der Hand des Kindes auf eine umgedrehte flache Blechdose (z. B. Keksdose) schlagen			

	Datum	Datum	Besondere Beobachtungen
31. Mit der Hand auf eine Trommel oder ein Tamburin schlagen lassen			
32. Den Daumen des Kindes auf den Knopf der Türglocke drücken			
33. Eine Spieluhr mit einer Pendelschnur aufziehen lassen. (Anfänglich Hand führen!)			
34. Draußen auf Vogelzwitschern, ein Flugzeug und andere Töne und Geräusche aufmerksam machen („Horch! Vogel!")			

2. Anregungen zur Früherziehung im Motorikbereich

Hannelore Sachers

Bei den folgenden Übungsvorschlägen handelt es sich überwiegend um Reizangebote, die das geistigbehinderte Kind für bestimmte Bewegungen und Verhaltensweisen stimulieren und motivieren. Dazu treten noch einige Übungen aus der allgemeinen Säuglingsgymnastik, die für die Kräftigung der Muskulatur wichtig sind, und einige unterstützende Griffe und Hilfestellungen, um bestimmte Bewegungen und Bewegungsmuster bei den motorisch retardierten Kindern anzubahnen. Diese sollen und dürfen aber nicht notwendige krankengymnastische Maßnahmen bei vorliegenden Körperbehinderungen ersetzen.

Wenn Reflexe des Neugeborenen fehlen oder länger anhalten als üblich, und wenn ein zu hoher oder auch ein extrem niedriger Muskeltonus darauf schließen läßt, daß hier eine spastische oder schlaffe Cerebralparese vorliegt, muß sobald wie möglich über den Arzt gezielte krankengymnastische Behandlung durch eine ausgebildete Fachkraft einsetzen.

Allerdings wird eine genaue Diagnose oft kaum vor Vollendung des ersten Lebenshalbjahres möglich sein. Die späteren Spastiker zeigen in ihren ersten Lebensmonaten „im allgemeinen nur Zeichen einer generellen Verzögerung der Motorik" und nur „selten . . . einen nennenswerten Grad von Spastizität vor dem Ende des 6. Monats" (*K. Bobath* 1963, S. 84). Doch „jede Asymmetrie des Benehmens und der Haltung" des Säuglings *(Bobath)* ist schon verdächtig und könnte auf eine zentrale Bewegungsstörung hinweisen. Durch rechtzeitig einsetzende Heilgymnastik ist es dann noch möglich, die Entstehung und Fixierung abnormaler Bewegungen und Haltungen und die damit verbundenen Deformierungen und Kontrakturen zu verhindern. Für diese Kinder aber können und dürfen alle vorgeschlagenen Übungen, die gymnastischen und turnerischen Charakter haben, nicht gelten.

Auch Kinder mit dem Down-Syndrom sollten so früh wie möglich – etwa vom 3. Lebensmonat an – physiotherapeutisch behandelt werden, um den als „typisch" geltenden späteren Merkmalen (schlaffe Muskulatur und plumper Gang, Hängenlassen von Schultern und Armen) weitmöglich vorzubeugen.

1. Strampeln

Vorbemerkung: Da der bewegungsarme Säugling in den ersten Wochen nicht oder nur wenig strampelt, diese Bewegungen aber zur Kräftigung der Muskulatur notwendig sind, außerdem das Strampeln auch für die allgemeine Entwicklung der Aktivität wichtig ist, muß versucht werden, diese Tätigkeit künstlich einzuleiten (Gymnastik, Hautreize) und den Säugling für dieses Tun zu motivieren (angebundene Glöckchen!). Es soll erreicht werden, daß das Kind allmählich Freude an der Bewegung empfindet und daß bei ihm schließlich das Strampeln auch zum Zeichen der Freude und des Wohlbefindens wird.

	Datum	Datum	Besondere Beobachtungen
1. Die Fußsohlen des Kindes leicht kitzeln			
2. Die Fußsohlen mit einem Wattestäbchen oder einer Feder bestreichen			
3. Mit dem Fingernagel die Fußsohlen entlangfahren			
4. Sanft mit einer Bürste über die Fußsohlen streichen			
5. Die Beine des Kindes mit einer Feder oder Bürste bestreichen			
6. Leichten Druck auf die Fußsohlen ausüben, z. B. mit den Handflächen. (Bewegungsantwort!)			
7. Die Beine an den Unterschenkeln anfassen und sie beugen und strecken: a) beide Beine gleichzeitig, b) abwechselnd ein Bein beugen, ein Bein strecken			
8. Um jedes Fußgelenk ein Glöckchen binden, dann anfangs die Beine passiv bewegen			
9. An jedes Stiefelchen ein Glöckchen binden			

	Datum	Datum	Besondere Beobachtungen
10. In der Badewanne die Beinchen heben und senken, beugen und strecken			

2. Drehen und Heben des Kopfes

(Die folgenden Übungsvorschläge sind zugleich Reizangebote für die optische oder akustische Wahrnehmung)

	Datum	Datum	Besondere Beobachtungen
1. Langsam eine Lichtquelle im Blickwinkel des auf dem Rücken liegenden Kindes bis zu 45° nach beiden Seiten bewegen			
2. Langsam einen glänzenden oder farblich leuchtenden Gegenstand (rot oder orange) im Blickwinkel des auf dem Rücken liegenden Kindes bis zu je 45° bewegen			
3. Das Kind öfter in Bauchlage legen (Ärmchen gebeugt und fest an den Körper gezogen!). Durch Zurufe oder leuchtende Gegenstände vor ihm versuchen, seine Aufmerksamkeit zu fesseln, damit es den Kopf hochhält			
4. Langsam eine Lichtquelle (Taschenlampe) oder ein Spielzeug im Blickwinkel des auf dem Rücken liegenden Kindes bis zu 90° nach beiden Seiten bewegen			
5. Langsam eine Lichtquelle oder einen Gegenstand aus dem Blickfeld des auf dem Rücken liegenden Kindes rückwärts über den Kopf hinweg bewegen. (Entfernung ausprobieren!)			

	Datum	Datum	Besondere Beobachtungen
6. In Rückenlage das Kind an beiden Armen langsam hochziehen und wieder zurücklegen. (Es soll erreicht werden, daß es den Kopf mitnimmt.)			
7. Das Kind in Bauchlage auf beide Unterarme stützen. (Sonst wie bei Nr. 3!)			
8. Langsam einen auffallenden Gegenstand vor dem auf dem Bauch liegenden Kind im Blickwinkel von 180° (je 90° nach beiden Seiten) bewegen			
9. Rechts/links hinter dem Kind ein Glöckchen läuten			
10. Dem Kind in Rückenlage öfter die Hand unter den Rücken legen, damit das aktive Heben von Kopf und Schultern erreicht wird			
11. Ein Glöckchen oder einen farblich auffallenden Gegenstand vor dem auf dem Rücken liegenden Kind langsam entfernen (Kopf und Schultern sollen beim Nachblicken gehoben werden)			
12. Vor dem in einem Stühlchen festsitzenden Kind einen auffallenden oder beliebten Gegenstand langsam im Kreis nach hinten bewegen			

3. Drehen und Wälzen des Körpers

	Datum	Datum	Besondere Beobachtungen
1. Den Säugling öfter vom Rücken auf den Bauch, vom Bauch auf den Rücken drehen			
2. Später das Kind einen Finger fassen lassen und es in die Seitenlage ziehen, dann wieder zurückrollen lassen			
3. Seitlich neben dem auf dem Rücken liegenden Kind ein Glöckchen läuten oder mit einer Klapper rasseln, den Gegenstand dann in Reichweite daneben legen. (Das Kind soll sich zur Seite drehen!)			
4. Dem auf dem Rücken liegenden Kind ein Spielzeug zeigen und dieses dann knapp außer Reichweite legen. (Herumrollen vom Rücken auf Seite und Bauch!)			
5. Dem auf dem Bauch liegenden Kind seitlich im Blickfeld ein beliebtes Spielzeug hinhalten, dieses langsam hochheben und über dem Kind zur anderen Seite hinüberführen. (Es soll erreicht werden, daß das Kind sich beim Verfolgen des Spielzeugs auf den Rücken und schließlich auf die andere Seite dreht			
6. Um das sicher sitzende Kind einen begehrten oder auffallenden Gegenstand langsam herumzuführen.			

4. Kriechen und Krabbeln
(etwa ab 6. Lebensmonat

	Datum	Datum	Besondere Beobachtungen
1. Bereits mit dem kleinen Säugling zur Kräftigung von Armen und Schultern das „Butterstampfen" üben: Strecken und Beugen der Arme abwechselnd rechts und links (beim Heben strecken, beim Senken beugen!)			
2. Das Kind oft auf dem Teppich auf den Bauch legen			
3. Ein beliebtes Spielzeug vor das bäuchlings liegende Kind außer Reichweite (jedoch nicht zu weit!) legen. Hilfen: a) den Armeinsatz beim Kriechen unterstützen: Die im Ellbogengelenk gebeugten Arme vor- und das Gesäß nachschieben b) den Beineinsatz unterstützen: Knie abwechselnd seitlich anschieben und das Gesäß nachschieben c) den Beinen an den Fußsohlen Halt zum Abstoßen geben			
4. Ein Lieblingsspielzeug vor das bäuchlings liegende Kind legen und an einer Schnur knapp außer Reichweite vor dem kriechenden (krabbelnden) Kind herziehen. (Doch bald Erfolgserlebnis schaffen!)			

	Datum	Datum	Besondere Beobachtungen
5. Anbahnen des Krabbelns (Hilfestellung durch 2 Personen!) a) Kind auf Knie und Hände aufrichten, b) ein schmal gefaltetes Handtuch unterm Bauch durchziehen und oben zusammenhalten, so daß das Kind gehalten wird, c) von hinten die Knie – an den Unterschenkeln anfassend – abwechselnd ein Stückchen vorschieben. (Die Arme werden dadurch gezwungen, sich nach vorne fortbewegend abzustützen.) Auch hier wieder Anreiz durch ein Spielzeug in nicht zu großer Entfernung geben! (Ball, fahrbares Tier, Auto, Lieblingsspielzeug an der Schnur usw.)			
6. Statt auf gepolstertem (Teppich!) jetzt auf glattem Fußboden hinter einem begehrten Spielzeug herkriechen lassen			
7. Das Gleiche auf einer schiefen Ebene (breites Brett mit nur geringer Neigung oder leichter Hang im Garten)			
8. Das Gleiche draußen auf einem Rasen mit Bodenunebenheiten			
9. Über Hindernisse krabbeln lassen (Kissen, Rolle, aufgerollten Teppich, geeignete Gegenstände unter dem Teppich, Matratzenteile u. a.)			
10. Einen begehrten Gegenstand langsam hinter einem Schirm o. ä. verschwinden lassen. (Kind soll hinterherkriechen und nachschauen.)			

5. Anregungen zum Aufrichten, Setzen, Hochziehen, Stehen und Gehen
(etwa ab 4.–5. Lebensmonat)

	Datum	Datum	Besondere Beobachtungen
1. Quer über das Gitterbettchen oder den Laufstall etwas hängen, an dem sich das Kind hochziehen kann (Stange mit herunterhängenden Handgriffen, z. B. „Klim-Bim" von Kiddicraft)			
2. Das Kind aus der Rückenlage an beiden Händen sanft zum Sitzen hochziehen (es soll den Kopf zwischen die Schultern ziehen und ihn mit anheben)			
3. Dem Kind beide Zeigefinger anbieten und festklammern lassen; zum Sitzen hochziehen			
4. Als Vorübung für das spätere Stehen: Sanft hüpfen lassen. (Das Kind dabei unter den Achseln fassen. Es soll Widerstand unter den Fußsohlen spüren und die Beine dagegen stemmen.)			
5. Aufrichten in Bauchlage: Ein Spielzeug langsam vor den Augen des Kindes hochheben. (Das Kind soll Kopf und Schultern heben, sich auf die Handflächen aufstützen, beim Greifen nur noch auf eine Handfläche.)			
6. Seitlich an das Gitter des Bettchens oben ein begehrtes Spielzeug hängen oder binden. (Das Kind soll sich seitlich aufstützen und mit der anderen Hand am Gitter zum Sitzen hochziehen.)			

	Datum	Datum	Besondere Beobachtungen
7. Zur Übung des Gleichgewichts im Sitzen: Vor und neben das sitzende Kind ein Spielzeug legen, so daß es sich nach vorn beugen und abstützen bzw. sich seitlich abstützen muß, um den Gegenstand zu erreichen			
8. Übung Fersensitz – Kniestand: Das Kind soll sich an den angebotenen Zeigefinger zum Kniestand hochziehen (Mutter sitzt dem Kind gegenüber auf dem Fußboden, das Kind zwischen den gestreckten Beinen im Fersensitz) Anreize: z. B. Kette der Mutter, Spielzeug hinter oder auf der Schulter der Mutter; Lob, Kuß, Nasereiben o. ä. nach dem Aufrichten als Belohnung			
9. Einen beliebten Gegenstand zeigen und dann so legen, daß das Kind ihn erreichen kann, wenn es sich in den Kniestand hochzieht (auf einen Stuhl, auf das Laufstallgitter, auf die 2. oder 3. Treppenstufe usw.). Evtl. Hilfe durch Hochdrücken des Gesäßes geben!			
10. Laufstallgitter zuhängen, Glöckchen über das Gitter halten, läuten und langsam aus dem Blickfeld entfernen, unsichtbar läuten und das Kind lockend rufen. (Wo ist das Glöckchen?) Evtl. mehrmals den Gegenstand erscheinen und wieder verschwinden lassen			

	Datum	Datum	Besondere Beobachtungen
11. Das gleiche wie bei 10. mit einem Lieblingsspielzeug (Ball, Puppe, Kette usw.)			
12. Das gleich mit der Mutter selbst als Lockmittel. (Wo ist die Mama? – Peter, komm! – Komm zur Mama! o. ä.)			
13. Vom Kniestand zum Stehen: Mit beiden Händen Laufstallrand fassen lassen. Dann Hilfe durch Vorschieben eines Unterschenkels und Aufsetzen des Fußes geben. Auf der anderen Seite das Kind unter die Achsel fassen und dann Druck von oben auf das hochgestellte Knie geben (löst Hochziehen des anderen Beines aus)			
14. Ein Lieblingsspielzeug sichtbar auf den Tisch legen (Anreiz zum Hochziehen in den Stand)			
15. Vom Kniestand an den angebotenen Händen (Zeigefingern) in den Stand hochziehen lassen, während die Mutter vor dem Kind kniet (Belohnung!)			
16. Dem im Laufstall, draußen am Gitterbett oder an einer Stange (Geländer) stehenden und sich festhaltenden Kind einen begehrten Gegenstand zeigen, langsam entfernen und damit zu den ersten Schritten seitwärts mit Festhalten verlocken			
17. Mit dem Kind einige Schritte vorwärts an zwei Händen gehen (Mutter geht rückwärts)			

	Datum	Datum	Besondere Beobachtungen
18. Statt der Hände dem Kind beim Gehen eine quergehaltene Stange (z. B. Besenstiel) zum Festhalten geben			

6. Greifen und Handbetätigung

	Datum	Datum	Besondere Beobachtungen
1. Finger in die Handfläche des Säuglings legen			
2. Gut zu fassende Gegenstände (Plastik- oder Holzkugeln und -klötzchen, kleinere Plüschtiere usw.) in die Händchen geben			
3. Gut zu greifende Gegenstände („Greiflinge" aus Holz oder Plastik, Klapper u. ä.) in Berührung mit den Fingerspitzen bringen. – Wenn erfolglos, in die Hand legen und diese mit dem Gegenstand ein wenig bewegen			
4. Gegenstände (farblich auffallend; glänzend, rot oder orange) in Reichweite neben das Kind legen			
5. Kugelkette u. ä. in Reichweite quer über das Bettchen oder den Wagen hängen (z. B. „Klim-Bim" von Kiddicraft)			
6. Ein Klangspiel in Reichweite über das Bett hängen (z. B. Toys Vitali, Otto Maier Verlag)			
7. Zwei Gegenstände zum Greifen anbieten			
8. Beim Baden Schwimmtiere aufs Wasser legen			

	Datum	Datum	Besondere Beobachtungen
9. Beim Baden beliebten Plastikgegenstand oder Gummitier ins Wasser legen			
10. Mit der Hand auf eine Trommel, ein Tamburin oder eine umgedrehte flache Blechdose schlagen lassen			
11. Einen Gegenstand geben und damit gegen einen ruhenden schlagen, z. B. Klapper gegen Gitterstab, im Stühlchen mit dem Löffel auf die Tischplatte usw.			
12. In beide Hände je einen Gegenstand (Klötze u. ä.) geben und gegeneinanderschlagen			
13. Einen begehrten Gegenstand so außerhalb des Gitterbettchens oder Laufstalls legen, daß das Kind ihn sich durch Lageveränderung holen kann			
14. Vor dem sitzenden Kind auf die Tischplatte eine Kugel oder einen kleinen Ball legen und hin- und herrollen lassen (Greifen nach bewegtem Objekt!)			
15. Nach einem an einer langen Schnur langsam pendelnden Gegenstand greifen lassen			
16. Einen kleinen Gegenstand (glänzenden Knopf o. ä.) vor das Kind auf den Tisch legen. Helfen durch Darauflegen seines Daumens und Zeigefingers (Aufsicht!)			
17. Zwei bis drei kleine Gegenstände in eine Hand legen (Halten lernen!) (Aufsicht!)			

	Datum	Datum	Besondere Beobachtungen
18. In die Hände klatschen – Hände führen! („Backe, backe Kuchen" oder mit anderer rhythmisch-musikalischer Untermalung!)			
19. Glocke in die Hand geben und beim Schütteln die Hand führen			
20. Papier in beide Hände geben und zerreißen lassen (Aufsicht!)			
21. Spieluhr mit Schnur aufziehen (Hand führen!)			
22. An einem großen Hampelmann ziehen lassen			
23. Mit einem Schlegel auf die Trommel (s. Nr. 10!) schlagen lassen			
24. Beliebtes Spielzeug aus einem größeren offenen Behälter herausholen lassen			
25. Baustein o. ä. aus einem Becher herausholen lassen			
26. Baustein aus einem Glas (durchsichtig!) herausholen lassen (Aufsicht!)			
27. Baustein in einen Becher fallen lassen (Hand führen!)			
28. Einen Ring oder ein anderes Spielzeug an einem Band befestigen und so hinlegen, daß das Kind den Gegenstand nicht erreichen kann. Band in die Hand geben und Hand beim Heranziehen führen			
29. Die an ein Spielzeug gebundene Schnur in Reichweite legen			
30. Spielzeug in einen Topf legen und mit dem Deckel zudecken. Durch mehrmaliges Heben des Deckels Spielzeug zeigen. Dann Hand des Kindes beim Deckelheben führen			

	Datum	Datum	Besondere Beobachtungen
31. Je einen verschieden großen Hohlwürfel in jede Hand geben. Den kleinen in den größeren stecken (schieben)			
32. Gegenstand in einem Behälter (Schachtel, Tasche) verschwinden lassen. (Anfangs zeigen und Hand führen!)			
33. Zwei Würfel in eine Hand geben			
34. Mehrere Gegenstände zum Spielen geben			
35. Mehrere Gegenstände (bunte Kugeln, Bauklötze, Plastikringe, Ketten usw.) in einer Schachtel geben. – Anregung zum Aus- und Einpacken! (auch Körbchen mit Wäscheklammern)			

7. Lage- und Bewegungsgefühl (Kinästhetik), räumliches Vorstellungsvermögen

(Siehe auch unter Anregungen für das Greifen: Entwicklung des Gefühls für innen und außen, Gefäß und Inhalt, oben und unten!)

	Datum	Datum	Besondere Beobachtungen
1. Das Kind abwechselnd in Rücken- und Bauchlage legen			
2. Es ein wenig in den Armen wiegen			
3. Beide Arme in Rückenlage über den Kopf und zurück führen			
4. Beide Beine beugen und strecken			
5. Das Kind vom Rücken auf die Seite und den Bauch rollen und umgekehrt			

	Datum	Datum	Besondere Beobachtungen
6. Das Kind hoch in die Luft heben und herunterlassen. (Dabei sprechen: Hoch! – Runter!)			
7. Das Kind kurz mit dem Kopf nach unten halten			
8. „Hoppe-hoppe-Reiter"-Spiel auf dem Schoß (Ab 7. Mon.)			
9. Sich mit dem Kind auf dem Arm vorsichtig um die eigene Achse drehen			
10. Vor dem bäuchlings auf dem Teppich liegenden Kind einen begehrten Gegenstand abwechselnd rechts und links legen			
11. Ähnliche Greifübungen mit Veränderung der Entfernungen nach oben und nach unten			
12. Mit dem Kind auf dem Schoß einen interessanten Gegenstand auf den Tisch legen und sich dann mit dem Kind umdrehen. (Versucht es, sich wieder zum Tisch hinzuwenden?)			
13. Spielzeug langsam hinter dem eigenen Rücken verschwinden lassen			
14. Spielzeug langsam hinter dem Rücken des Kindes verschwinden lassen			
15. Zum Abschätzen kurzer und weiter Entfernungen: Auf das Kind zu und wieder wegkriechen			
16. Das Kind unter einem Stuhl (Sessel) hindurchkriechen lassen. (Rechts und links verbauen, Anreiz geben, z. B. durch ein Spielzeug an der Schnur, das langsam vor dem Kind hergezogen wird.)			
17. Zu Musik mit dem Kind auf dem Arm tanzen (und dazu singen)			

3. Anregungen zur Früherziehung im Sprachbereich

Barbara Franke

Allgemeine Hinweise für die täglichen Übungen:

Beim Üben antlitzgerichtet und in Augenhöhe, im Abstand von etwa 60 cm mit dem Kind sprechen!

Beim Üben Berührungskontakt halten!

Die täglich wiederkehrenden Tätigkeiten immer mit denselben Worten begleiten!

Sprachliche Aufforderungen zunächst durch Gesten verdeutlichen, jedoch zunehmend darauf verzichten!

1. Sprechfunktionen

Atmungsförderung	Datum	Datum	Besondere Beobachtungen
1. Nicht jedes Schreien sofort durch Wunschbefriedigung stillen			
2. Eine Feder an einer Schnur vor dem Gesicht des Kindes bewegen; dem Kind geräuschvoll zeigen, wie man die Feder wegpustet			
3. Ein Windrad anblasen			
4. Ein Fähnchen anblasen			
5. Eine tutende Papierschlange aufblasen			
6. Eine Kerze ausblasen			
7. Dem Kind auf die Hand blasen			
8. Versuchen, das Kind in seine Hand blasen zu lassen			
9. Mit einem Strohhalm in die Hand des Kindes blasen und saugen			
10. Versuchen, das Kind zur Nachahmung zu veranlassen			

	Datum	Datum	Besondere Beobachtungen
11. Das Kind auf einer Mundharmonika oder einer Kindertrompete blasen lassen (Gelingt das Blasen nicht, muß sich das Kind mit den Fingern die Nase zuhalten)			
12. Wegblasespiele mit Watte, Federn usw.			
13. Mit einem kurzen Halm Flüssigkeit saugen			

Beweglichkeit der Kiefer

	Datum	Datum	Besondere Beobachtungen
1. Bei Flaschennahrung durch ein nicht zu großes Loch im Sauger dem Saugreflex genügend Widerstand bieten (nach Palmer sollte aus der auf den Kopf gestellten Flasche alle 3 Sekunden ein Tropfen kommen)			
2. Zum Saugen anregen durch einen in Zucker getauchten Sauger			
3. Zum Saugen anregen durch ein in Milch getauchtes Tuch (Aufsicht!)			
4. Massieren des Zungenbodens unter dem Kinn, indem man mit den Fingern zum Hals hin streicht und umgekehrt			
5. Mit den Händen vorsichtig das Kinn auf- und ab-, hin- und her bewegen			
6. Den Unterkiefer des Kindes bei Banane oder anderer halbweicher Nahrung im Mund auf- und abbewegen			

	Datum	Datum	Besondere Beobachtungen
7. Dem Kind in Augenhöhe deutliche Kaubewegungen vormachen. Die Hände des Kindes nehmen und die Kaubewegungen des Erwachsenen fühlen lassen, dann die eigene Kieferbewegung fühlen lassen			
8. Beim Füttern allmählich von Brei über eingeweichtes Brot zu fester Nahrung übergehen			
9. Dem Kind Beißringe und anderes geeignetes Spielzeug zum Untersuchen mit dem Mund geben			
10. Dem Kind Brotrinden zum Lutschen und kauen geben (Aufsicht!)			

Beweglichkeit der Zunge

	Datum	Datum	Besondere Beobachtungen
1. Zunge und Gaumen des Kindes massieren			
2. Die Zunge zu aktiven Bewegungen anregen durch leichtes Kitzeln			
3. Das Kind beim Trinken aufsetzen, damit die Zunge die Flüssigkeit in den Rachen bringen muß			
4. Einen Löffel mit Honig ablecken lassen			
5. Lutschestangen, Eis lutschen lassen			
6. Einen Honigtropfen auf die Lippen streichen und von der Zunge ablecken lassen – in der Mitte beginnen, dann immer weiter zu den Mundwinkeln hin			

	Datum	Datum	Besondere Beobachtungen
7. Die Zunge zur Nachahmung mehrmals herausstrecken und hineinnehmen			
8. Mit der Zunge zur Nachahmung die Lippen ablecken			

Beweglichkeit der Lippen

	Datum	Datum	Besondere Beobachtungen
1. Mit den Fingern die Wangen des Kindes nach vorn drücken			
2. Die Lippen des Kindes abwechselnd breitziehen und zusammendrücken			
3. Die Mund-, Kiefern- und Wangenmuskulatur kreisförmig massieren			
4. Ober- und Unterlippe des Kindes abwechselnd vibrieren lassen			
5. Die Hand des Kindes nehmen und mit ihr die Lippen reiben und vibrieren lassen			
6. Durch Kitzeln der Mundgegend an verschiedenen Stellen mit einem Pinsel oder einem Tuch Bewegungen anregen			
7. Flüssigkeit auf einem Löffel geben			
8. Aus einer Tasse trinken lassen, erst in Schräglage, dann im Sitzen			

	Datum	Datum	Besondere Beobachtungen
9. Dem gegenüber sitzenden Kind in Gesichtshöhe folgende Übungen vormachen und es zur Nachahmung ermuntern: a) Lippen spitzen zum Küßchengeben b) Lippen aufeinanderpressen und „platzen" lassen c) Die Unterlippe über die Oberlippe schieben und umgekehrt d) Vibrieren lassen der Lippen beim Luft ausblasen (brr)			

2. Hörfunktionen

(Wichtige Ergänzungen in diesem Bereich sind Übungen zur optischen Wahrnehmung)

	Datum	Datum	Besondere Beobachtungen
1. Mehrmals dasselbe Geräusch erzeugen, ohne daß das Kind den Gegenstand sieht. (Klapper, Glocke, Trommel, Quietschpuppe, Gong, Pfeife)			
2. Ein Geräusch seitlich vom Kind erzeugen, damit es den Kopf danach dreht			
3. Eine für das Kind nicht sichtbare Glocke läuten und sie langsam in das Gesichtsfeld des Kindes bringen			
4. Das Kind auf den Schoß nehmen und mit ihm zusammen ein Geräusch erzeugen (klappern, trommeln, eine Quietschpuppe drücken)			

	Da-tum	Da-tum	Besondere Beobachtungen
5. Dem Kind Lieder vorsingen			
6. Dem Kind Radio, Schallplatten oder Tonband vorspielen			
7. Eine Spieluhr spielen lassen			
8. Das Kind an der Spieluhr ziehen lassen			
9. Das Kind auf Geräusche der Umgebung aufmerksam machen. „Horch" bei Türklingel, Telefon, Eisenbahn, Flugzeug usw.			
10. Nacheinander zwei sehr verschiedene Geräusche erzeugen (z. B. Glocke und Trommel)			
11. Das Kind eine Geräuschquelle (z. B. Brummkreisel) suchen lassen			
12. Von zwei Instrumenten eines erklingen lassen und das Kind das richtige suchen lassen			

3. Sprachverständnis

	Da-tum	Da-tum	Besondere Beobachtungen
1. Rufen, bevor man an das Bett des Kindes tritt			
2. Bei Unmutsäußerungen des Kindes versuchen, es durch Zuspruch zu beruhigen			
3. Mit dem Kind noch eine Zeitlang sprechen, nachdem man es ins Bett gelegt hat			
4. Dabei gelegentlich das Gespräch abbrechen und es bei einer Reaktion des Kindes darauf wieder aufnehmen			

	Datum	Datum	Besondere Beobachtungen
5. Feste Zuordnung von Wörtern und Bewegungen schaffen (winke-winke, bitte-bitte, so groß); anfangs mit dem Kind zusammen die Bewegung ausführen			
6. Die spontanen Tätigkeiten des Kindes benennen			
7. Tätigkeiten, die das Kind oft wiederholt, sprachlich begleiten (z. B. Tür auf, Tür zu)			
8. Bei jeder Begegnung dieselben Gruß- und Abschiedsformeln gebrauchen			
9. Aufforderungen: komm her, setz dich, gib mir, nimm, mit dem Kind gemeinsam durchführen			
10. Einen vom Kind besonders geliebten Gegenstand oft und eindringlich benennen			
11. Diesen Gegenstand unvermutet auftauchen lassen (aus Sack, Tasche, Paket) und eindringlich benennen			
12. Den Gegenstand verstecken und mit dem Kind zusammen suchen			
13. Diesen Gegenstand immer wieder in Satzverbindungen bringen wie „wir holen . . .", „da ist . . .", später „gib mir . . ."			
14. Den oft genannten Gegenstand in Sichtweite des Kindes bringen. Fragen: wo ist . . .? Den Blick des Kindes verfolgen. Da ist . . .			
15. Den oft benannten Gegenstand aus mehreren Gegenständen heraussuchen lassen: „Gib mir", „hole . . ."			

	Datum	Datum	Besondere Beobachtungen
16. Zwei bekannte Gegenstände abwechselnd benennen und beide in die Spielhandlungen einbeziehen			
17. Mehrere gleiche Gegenstände zum Üben verwenden			
18. Mehrere ähnliche Gegenstände verwenden			

4. Hilfen zum Spracheintritt

	Datum	Datum	Besondere Beobachtungen
1. Die Beine des auf dem Rücken liegenden Kindes rhythmisch bewegen, dazu Laute singen			
2. Die Arme des Kindes rhythmisch bewegen, dazu Laute singen			
3. Das Kind auf den Armen hin- und her wiegen, dazu singen			
4. Mit dem Kind auf dem Arm durch den Raum gehen, dazu singen			
5. Mit dem Kind auf dem Arm Tanzschritte machen, dazu singen			
6. Kinderverse mit dem Kind auf den Knien singen und spielen (z. B. Hoppe, hoppe Reiter)			
7. Den Namen des Kindes mehrmals rhythmisch rufen			
8. Einfache Lieder singen, und das Kind dabei schaukeln			
9. Mit den Händen des Kindes zu Liedern klatschen			
10. Mit den Händen des Kindes zu Liedern auf den Tisch patschen; später das Kind selbständig patschen lassen			
11. Mit dem Kind zu Liedern mit der Hand trommeln			

	Datum	Datum	Gesondere Beobachtungen
12. Situationen, in denen das Kind einmal gelallt hat, oft wiederholen			
13. Das Lallen des Kindes sofort wiederholen, um es zu verstärken			
14. Das Kind zum Lallen anregen, indem man die von ihm gehörten Laute möglichst getreu nachahmt			
15. Beim Lallen das Kind sofort belohnen (z. B. streicheln, Saft geben u. ä.)			
16. Das Lallen des Kindes mit Mikrofon verstärken			
17. Das Lallen auf Tonband aufnehmen und dem Kind wieder vorspielen			
18. Durch Mundbewegung gut sichtbare Silbenreihen dem Kind antlitzgerichtet mit deutlicher Mundbewegung vorsprechen (z. B. dada, baba)			
19. Die angebotenen Silben singen			
20. In bestimmten Situationen bestimmte Laute verwenden (mmm- beim Essen, iii bei Nässe oder Kälte usw.)			
21. Dem Kind Tierlaute vormachen			
22. Dem Kind brummen, piepen, schnalzen vormachen			
23. Mit geschlossenem Mund Laute vormachen			
24. Das Kind Lippen und Kehlkopf des Sprechenden fühlen lassen			
25. Das Kind die eigenen Lippen und den Kehlkopf fühlen lassen			

4. Anregungen zur Früherziehung im Sozial- und im Gefühlsbereich

Brigitte Schoppmann

1. Hautkontakt

	Datum	Datum	Besondere Beobachtungen
1. Auf den Arm nehmen			
2. An den Körper drücken			
3. Auf den Armen wiegen			
4. Gesicht an das Gesicht des Kindes schmiegen („Eia-Spiel")			
5. Hände des Kindes halten			
6. Hände des Kindes bewegen			
7. Hände des Kindes streicheln			
8. Hände des Kindes umfassen und rhythmisch zusammenschlagen			
9. Finger in die Hand des Kindes legen			
10. Innenfläche der Hand kitzeln			
11. Hand des Kindes an die Lippen drücken und hineinpusten			
12. Kind an den Händen aus der Rückenlage hochziehen			
13. Kopf sanft streicheln			
14. Wange streicheln			
15. Hand des Kindes nehmen und streichelnd über die Wange der Mutter führen			
16. Arme streicheln			
17. Lippen mit dem Finger berühren			
18. Nase mit dem Finger antippen			
19. Nase der Mutter mit der Nase des Kindes leicht reiben			
20. Bauch antippen			
21. Auf dem Bauch kitzeln			
22. Im Bett hin- und her- „kugeln"			
23. Hoch in die Luft heben			
24. Auf den Schoß nehmen			

	Datum	Datum	Besondere Beobachtungen
25. Hand hinhalten zum Spielen			
26. Im Raum umhertragen			
27. Spielzeug zum taktilen Kontakt anbieten: Beißring, Teddy . . .			
28. Auf die Knie setzen und rhythmische Bewegungen ausführen: „Hoppe Reiter . . .“			

2. Blickkontakt

	Datum	Datum	Besondere Beobachtungen
1. Häufig an das Bett des wachen Kindes treten			
2. Gesicht dem Kind nähern			
3. Gesicht immer weiter entfernen			
4. Kopf hin- und herbewegen			
5. Mit dem Kopf nicken			
6. Hände vor den Augen des Kindes bewegen			
7. Spielgegenstände dem Gesicht des Kindes nähern			
8. Spielgegenstände langsam etwas weiter entfernen			
9. Kind anlächeln			
10. In die Augen schauen			
11. Mit Stühlchen oder Laufgitter in die Nähe der Mutter bringen und bei ihrer Arbeit zuschauen lassen			
12. Gleichaltriges Kind mit in das Laufgitter setzen			
13. Arme zum Aufnehmen weit ausstrecken			
14. Versteckspielen in unmittelbarer Nähe des Kindes: Hände vor das Gesicht halten, wegnehmen, Kind anlächeln . . .			

	Datum	Datum	Besondere Beobachtungen
15. Versteckspielen in größerer Entfernung: Hinter das Bett oder die Tür treten, kurz herausschauen, Kind anlächeln . . .			
16. Spielzeug anbieten: Mobile ans Bett hängen . . .			
17. Kind vor einen Spiegel setzen			
18. Teddy streicheln und ihn dann dem Kind geben			
19. Spielgegenstände zeigen und dann dem Kind hinhalten			
20. Dinge des täglichen Lebens anbieten: Tasse, Löffel . . .			
21. Gegenstand reichen und mit erwartungsvollem Blick und geöffneter Hand die Rückgabe fordern („Nimm- und Gib-Spiel")			
22. Ball zurollen			
23. Kind mit Mimik und Gestik dazu bewegen, den Ball zurückzurollen			
24. Nach Personen fragen, die im Raum sind: „Wo ist der Papa?"			
25. Nach Gegenständen fragen, die im Raum sind: „Wo ist der Ball?"			

3. Hörkontakt

	Datum	Datum	Besondere Beobachtungen
1. Mit vorgestülpten Lippen leise Geräusche erzeugen: Prusten, Blubbern			
2. Mit der Zunge schnalzen			
3. Schnurren			
4. In die Hände klatschen			
5. Rasselschütteln			
6. Glöckchen läuten			
7. Quietschpuppe drücken			
8. Leise pfeifen			

	Datum	Datum	Besondere Beobachtungen
9. Einfache Melodien summen			
10. Kurze Lieder singen			
11. Das Füttern des Kindes mit Lauten untermalen: mm mm . . .			
12. Gleichmäßige Laute erzeugen durch wiederholtes Herunterdrükken der eigenen Unterlippe			
13. Unterlippe des Kindes herunterdrücken			
14. Angenehme Geräusche anbieten			
15. Geräusche aus verschiedenen Richtungen ertönen lassen			
16. Sich mit Lauten und Lautverbindungen an das Kind wenden: du, du; na, na . . .			
17. Taktilen und visuellen Kontakt mit kleinen Silben begleiten: eia, eia; ja, ja; kille, kille . . .			
18. Mit dem Kind sprechen			
19. Wiederkehrende Situationen und Tätigkeiten im Tagesablauf mit gleichbleibenden Wörtern begleiten			
20. Kleine Verse sprechen und häufig wiederholen			
21. Lallen des Kindes freudig begrüßen			
22. Lallen des Kindes mit Lallen erwidern			
23. Aus verschiedenen Richtungen sprechen			
24. Tonlage verändern			
25. Personen benennen			
26. Gegenstände benennen			

4. Fingerspiele

Folgende Spiele dienen sowohl dem akustischen, visuellen und taktilen Kontakt als auch der emotionalen Förderung. Die Mutter kann sich aus den aufgezählten Spielen einige auswählen, die sie für den Kontakt mit ihrem Kind bevorzugt oder selbsterfundene Verse und Reime verwenden. Wichtig ist, daß überhaupt Spiele im Zweierkontakt stattfinden und die Eltern sich nicht nur auf das Darbieten von Spielzeug beschränken.

Man nimmt die Hand des Kindes und tippt jeden Finger an:

Das ist der Daumen,
der schüttelt die Pflaumen,
der hebt sie auf,
der trägt sie nach Haus,
und der kleine Schelm ißt sie alle auf.

Der ist ins Wasser gefallen,
der hat ihn herausgezogen,
der hat ihn ins Bett gelegt,
der hat ihn zugedeckt,
und der kleine Schelm da hat ihn wieder aufgeweckt.

Der ist in den Busch gegangen,
der hats Häschen gefangen,
der hats heimgebracht,
der hats gebraten,
und der hats verraten.

Die einzelnen Teile des Gesichts werden der Reihe nach angetippt:

Kinne Kinne Wippchen
Rot Lippchen
Nuppelnäschen
Augenbräunchen
Zupp Zupp Härchen.

Man patscht in die geöffnete Hand des Kindes und kitzelt dann darin:

Da hast 'nen Taler
geh auf den Markt
kauf die 'ne Kuh
Kälbchen dazu.
Das Kälbchen hat'n Schwänzchen –
didel didel dänzchen.

Man streicht kreuzweise über die innere Hand des Kindes und kitzelt sie dann:

Sälzchen
Schmälzchen
Butterchen
Brötchen
Krabbelkrabbelkrötchen

Die Hand der Mutter läuft über den Arm des Kindes und kitzelt das Kind in der Halsgrube oder zupft sein Ohr:

Da kommt 'ne Maus,
die baut sich ein Haus,
da kommt 'ne Mücke,
die baut sich 'ne Brücke,
da kommt ein Floh,
der macht – so!

Da kommt die Maus,
da kommt die Maus,
Klingelingeling!
Ist der (die) (Name des Kindes) zuhaus?

Da kommt ein Bär,
er tappt daher
und fragt wo mein(e) liebe(r) (Name des Kindes)
wär.

Man nimmt die Hände des Kindes und klatscht sie zusammen, dabei singt man:

Backe, backe Kuchen,
der Bäcker hat gerufen,
hat gerufen die ganze Nacht,
Gretchen hat kein Teig gebracht,
kriegt auch keinen Kuchen,
backe, backe Kuchen.

Zunächst dreht die Mutter ihre eigene Hand vor den Augen des Kindes hin und her. Später versucht sie die Hand des Kindes zu drehen und singt dazu:

Wie das Fähnchen auf dem Turme
sich kann drehn bei Wind und Sturme,
so soll sich mein Händchen drehn,
daß es eine Lust ist anzusehn.

5. Aufmerksamkeiten

Die Emotionalität (Gefühlsbereich) ist eng verbunden mit dem Sozialbereich. Die zuvor angegebenen Möglichkeiten zur Kontaktnahme dienen daher weitgehend sowohl der Förderung des Gefühlsbereiches als auch der Sozialität. Im folgenden werden ergänzende Anregungsmöglichkeiten für die basalen Gefühlszustände Wohlgefühl, Zufriedenheit und Sicherheit zusammengestellt.

1. Geduldig füttern
2. Auf den Arm nehmen, an sich drücken
3. Geschmacksrichtung wählen, die das Kind gerne hat
4. Bei angenehmer Temperatur baden
5. Warmes Wasser über Rücken und Bauch laufen lassen
6. Vor dem Wickeln nackt strampeln lassen
7. Mit den Beinen radfahren
8. Angenehme (nicht zu enge) Kleidung anziehen
9. An das Bett des Kindes treten
10. Mit dem Kind freundlich sprechen
11. Kind anlächeln
12. Spielzeug anbieten
13. Flasche zeigen und geben
14. Spazierenfahren

Datum	Besondere Beobachtungen

Datum	Besondere Beobachtungen

Datum	Besondere Beobachtungen

Datum	Besondere Beobachtungen

Datum	Besondere Beobachtungen

Literatur

Aengenendt, J.: Psychologie des ersten Lebensjahres. Bonn 1954

Arbeitsausschuß Gutes Spielzeug e.V. (Hrsg.): Gutes Spielzeug. Ravensburg

Arbeitskreis Neue Erziehung e.V.: Peter-Pelikan-Briefe. Berlin

Atzesberger, M.: Sprachaufbauhilfe bei geistig behinderten Kindern. Berlin ^{2}1970 (^{4}1978)

Bach, H.: Geistigbehindertenpädagogik. Berlin ^{5}1973 (^{1}1968, ^{9}1979)

ders.: Pädagogische Förderung der Mehrfachbehinderten. Zs. f. Kinderpsychol. 1970 (19)

ders.: Lernen und Lehren bei geistig behinderten Kindern. Zs. f. Heilpäd. 1972 (23)

ders.: Pädagogisch-psychologische Beratung von Eltern Behinderter. Lebenshilfe Handbücherei. Bd. 8. Marbutg 1972

ders.: Früherziehung geistigbehinderter und entwicklungsverzögerter Säuglinge und Kleinkinder. Dt. Ärzteblatt 1975 (12) 3469–3472

ders.: Geistigbehinderte unter pädagogischem Aspekt. In: Deutscher Bildungsrat (Hrsg.): Gutachten und Studien der Bildungskommission. Bd. Sonderpäd. 3. Stuttgart ^{2}1976

ders.: Laienmitarbeit. In: Bach, H. (Hrsg.): Pädagogik der Geistigbehinderten. Handb. der Sonderpäd. Bd. 5. Berlin 1979

ders.: Motopädagogik bei Geistigbehinderten und Lernbehinderten. In: Heese, G. (Hrsg.): Rehabilitation Behinderter durch Förderung der Motorik. Berlin ^{2}1979 (Marhold)

ders.: (Hrsg.) Familien mit geistigbehinderten Kindern. Berlin 1979

Bauer, E.: Früherziehung des geistig behinderten Kindes. Lebenshilfe 1970

Bergius, R.: Entwicklung als Stufenfolge. Göttingen ^{2}1959

Bobath, K.: Die Neuropathologie der cerebralen Kinderlähmung und ihre Bedeutung für die Früherkennung und Behandlung. In: Früherfassung und Frühbehandlung eine Notwendigkeit für spastisch gelähmte Kinder. – Vorträge einer Tagung am 18. und 19. 11. 1963 in München

Bontzio, M., Vater, W.: Frühförderungs- und Entwicklungshilfen für behinderte Kinder. Bonn 1978

Bühler, Ch.: Kindheit und Jugend. Leipzig ^{3}1931

Bundesvereinigung Lebenshilfe für geistig Behinderte (Hrsg.):
a) Empfehlungen zur Erziehung Geistig-Schwerstbehinderter. Marburg 1969
b) Empfehlungen zur Früherziehung geistig behinderter Kinder. Marburg 1969

Bundesvereinigung Lebenshilfe (Hrsg.): Frühe Hilfen – wirksamste Hilfen. Marburg ^{2}1977

Bundesvereinigung Lebenshilfe für geistig Behinderte (Hrsg.): Empfehlungen des Pädagogischen Ausschusses. Marburg ^{2}1979

Egg, M.: Die Entwicklung des geistig behinderten Kindes. Ravensburg 1972

Eggers, H., Wagner, K.-D., Wigger, M.: Bedingungen und Störfaktoren frühkindlicher Entwicklung. Stuttgart, New York 1976

Eggert, D., Kiphard, E. J.: Die Bedeutung der Motorik für die Entwicklung normaler und behinderter Kinder. Schorndorf 1972

Eichler, L.: Einführung in die heilpädagogische Arbeit mit geistig schwer und schwerstbehinderten Kindern. Berlin 1968

Ernst, H.: Die 7 Vorsorgeuntersuchungen für ihr Kind. Leben und Erziehen 1973

Frankenburg, W. K., Dodds, J. B.: Denver Developmental Screening Test. J. Pediat. 1967 (71) 181–191

Gesell, A.: Säugling und Kleinkind in der Kultur der Gegenwart. Bad Nauheim ³1971
Goedman/Koster: Was tun mit diesem Kind? Weinheim und Basel 1972
Goldschmidt, P.: Logopädische Untersuchungen und Behandlungen bei frühkindlich Hirngeschädigten. Berlin 1970
Grond, J.: Früherziehung behinderter Kinder. Luzern 1977
Harbauer, H.: Geistig Behinderte. Stuttgart ²1976
Harff/Großmann: Übungsbehandlung für Säuglinge und Kleinkinder. Stuttgart 1969
Heese, G. (Hrsg.): Frühförderung behinderter und von Behinderung bedrohter Kinder. Berlin 1978
Hellbrügge, Th. und *J. Pechstein:* Entwicklungsphysiologische Tabellen für das Säuglingsalter. Fortschr. Med. 1968 (86) 481, 608
Hellbrügge, Th. u.a.: Funktionelle Entwicklungsdiagnostik im 2. Lebensjahr. Fortschr. Med. 1971 (89) 558–562
Hellbrügge, Th. (Hrsg.): Kindliche Sozialisation und Sozialentwicklung. Fortschr. d. Sozialpädiatrie. Bd. 2, München 1974
Hellbrügge, Th. u.a.: Münchner funktionelle Entwicklungsdiagnostik — 1. Lebensjahr. München, Berlin, Wien 1978
Hemsing, W.: Die Erziehung des Kleinkindes. München o.J.
Hetzer, H.: Spielpflege bei geistig zurückgebliebenen Kindern als heilpädagogische Aufgabe. In: H. von Bracken (Hrsg.): Erziehung und Unterricht behinderter Kinder. Frankfurt 1968
dies.: Das Spiel geistigbehinderter Kinder (1) Gründsätze zur Beurteilung von Spielzeug für geistig behinderte Kinder (2). Lebenshilfe 1967
dies.: Spielen lernen — Spielen lehren. München ⁴1973
Hetzer, H.: Entwicklungstestverfahren. Weinheim ³1970
Hortien, H.: Förderung von Sinnesfunktionen in der Frühbehandlung von Kindern mit cerebralen Bewegungsstörungen. Krankengymnastik 1973
Josef, K., Böckmann, G.: Spracherziehungshilfe bei geistig behinderten und sprachentwicklungsgestörten Kindern. Berlin 1971
Josef, K., Josef, K.: Früherziehung bei geistigbehinderten und entwicklungsverzögerten Kindern. Berlin ²1971
Kiphard, E. J.: Die Förderung der Bewegungsentwicklung beim geistigbehinderten Kind. Lebenshilfe 1967
ders.: Die Mutter als Therapeutin ihres Kindes. Lebenshilfe 1970
ders.: Sensumotorisches Frühtraining in der Behindertenpädagogik. Zs. f. Heilpäd. 1971 (22)
ders.: Wie weit ist ein Kind entwickelt? Dortmund 1975
Klein, F.: Die häusliche Früherziehung des entwicklungsbehinderten Kindes. Bad Heilbrunn 1979
Kling/Bach: Leistungs- und Beobachtungsheft für die fundamentale Erziehung. ³1978
Koffka, K.: Die Grundlagen der psychischen Entwicklung. Osterwieck ²1925
Lersch, Ph.: Aufbau der Person. München ¹⁰1966
Lichtenberger, W.: Mitmenschliches Verhalten eines Zwillingspaares in seinen ersten Lebensjahren. München 1965
ders.: Soziale Erziehung im Kindesalter. München 1963
Löwe, A.: Hausspracherziehung für hörgeschädigte Kleinkinder. Berlin ²1965
Mengi, Y.: Chronologische Darstellung der normalen Entwicklung im Säuglings- und Kindesalter. Krankengymnastik 1973
Nickel, H.: Entwicklungspsychologie des Kindes- und Jugendalters. 2 Bd. Bern, Stuttgart, Wien ³1976
Oerter, R.: Moderne Entwicklungspsychologie. Donauwörth 1972 (¹⁶1976)
Ohlmeier, G.: Frühförderungsprogramme für behinderte Kinder. Dortmund 1979

Painter, G.: Baby-Schule – Teach your baby. Gütersloh, Berlin, Wien 1972
Pechstein, J.: Umweltabhängigkeit der frühkindlichen zentralnervösen Entwicklung. Stuttgart 1974
Pechstein, J.: Sozialpädiatrische Zentren. In: Deutscher Bildungsrat (Hrsg.): Gutachten und Studien der Bildungskommission des Deutschen Bildungsrates. Sonderpädagogik Bd. 6. Stuttgart 1975
Peter, A.: Anregung für die Hauserziehung geistig behinderter Kinder. Berlin 1973
Piaget, J.: Das Erwachen der Intelligenz beim Kinde. Stuttgart 1969 (²1973)
ders., *Inhelder, B.:* Die Psychologie des Kindes. Olten 1972
ders., *Inhelder, B.:* Die Entwicklung der elementaren logischen Strukturen. Düsseldorf 1973
Sander, A.: Die statistische Erfassung von Behinderten in der BRD. In: Deutscher Bildungsrat (Hrsg.): Gutachten und Studien der Bildungskommission Bd. Sonderpäd. 1. Stuttgart 1973
Schamberger, R.: Frühtherapie bei geistig behinderten Säuglingen und Kleinkindern. Weinheim 1978
Schauer, R.: Frühzeitige Förderung bewegungsarmer Säuglinge. Briefe an Eltern der Bundesvereinigung Lebenshilfe Nr. 20/1971
Schmitz, H. A.: Der Säugling, ein soziales Wesen. In: Acta paedopsychiatrica 1962
Skogstad, W.: Genetische Beratung. Stuttgart 1978
Speck, O.: Der geistigbehinderte Mensch und seine Erziehung. München, Basel ²1972
ders.: Früherkennung und Frühförderung behinderter Kinder. In: Deutscher Bildungsrat. (Hrsg.): Gutachten und Studien der Bildungskommission Bd. Sonderpäd. 1. Stuttgart 1973
ders.: Frühförderung entwicklungsgefährdeter Kinder. München, Basel 1977
ders.: Geistige Behinderung und Erziehung. München, Basel ⁴1980
Spitz, R.: Die Entstehung der ersten Objektbeziehungen. Stuttgart 1957
ders.: Vom Säugling zum Kleinkind. Stuttgart ³1972
ders.: Nein und Ja. Stuttgart 1959
Spock, B.: Säuglings- und Kinderpflege. Bd. I. Frankfurt 1972
Sporken, P.: Eltern und ihr geistigbehindertes Kind. Düsseldorf 1975
Stern, C. und *W.:* Die Kindersprache. Darmstadt 1965
Stern, E.: Die Tests in der klinischen Psychologie. Zürich 1954
Sternberg, G.: Turnen mit Säuglingen und Kleinkindern. Briefe an Eltern der Bundesvereinigung Lebenshilfe Nr. 19/1971
Stirnimann, F.: Das Kind und seine früheste Umwelt. Basel ²1951
ders.: Psychologie des neugeborenen Kindes. Zürich 1940
Stöhr, A. J.; Woischnik, M.: Von 0–3. Entwicklungs- und Begabungsförderung von der Geburt bis zum 3. Lebensjahr. 1975
Theile, R.: Frühförderung geistigbehinderter Kinder. Berlin 1974
Theile, U.: Genetische Beratung für die Praxis. Stuttgart 1975
Thomae, I.: Zusammenarbeit mit den Eltern – Elternschule. In: Handbücherei der Lebenshilfe Bd. 4. Marburg 1964
dies.: Modellversuch der Lebenshilfe zur Früherziehung. Lebenshilfe 1970
dies.: Risiko-Kinder. Zürich, Köln 1976
dies.: Elternberatung und -anleitung; Früherziehung; Vorschulalter – Elementarbereich. In: Bach, H. (Hrsg.): Pädagogik der Geistigbehinderten. Handb. d. Sonderpäd. Bd. 5. Berlin 1979
Weiß, J.: Zur Erziehung des mongoloiden Säuglings in den ersten Monaten. Lebenshilfe 1970
Wilken, E.: Sprachförderung bei Kindern mit Down-Syndrom. Berlin 1973